Ce livre, tiré à petit nombre et qui n'a pas été mis
dans le commerce, m'a été offert par son auteur,
Edmond Poinsot (en littérature Georges d'Heilly), comme
souvenir de la distribution des prix de la maison
d'Ecouen que j'ai présidée le 3r juillet 1900 sur le
desir de la Grande Chancellerie de la Légion d'honneur,

Aoüt 1900

Cte Charles de Moüy

La Fille

de

George Sand

*Solange Sand en pension chez Madame Bascans. —
Son mariage avec Clésinger. — Ondine Valmore
et Sainte-Beuve. — Les filles de Madame Bascans.
— Le salon de Madame Clésinger. — Ferdinand
Bascans et le journal « La Tribune ».*

Lettres inédites publiées et commentées

PAR

✠ GEORGES D'HEYLLI

(EDMOND POINSOT)

———— ◆◆◆◆ ————

PARIS — 1905

à M. le Comte de Mouy
en Souvenir de la bonne
journée du 21 Juillet 1900
à Écouen
Respectueux hommage
Edm. Plauchut

La Fille

de

George Sand

Ce petit volume, destiné à la famille et aux amis de Madame Bascans, et de sa fille, Madame Edmond Poinsot, dont on trouvera plus loin (pages 25 et 109) les deux portraits gravés par Ad. Lalauze, n'a été tiré qu'à 200 exemplaires, qui ne sont pas mis dans le commerce.

La Fille

de

George Sand

Solange Sand en pension chez Madame Bascans.
Son mariage avec Clésinger. — Ondine Valmore
et Sainte-Beuve. — Les filles de Madame Bascans.
— Le salon de Madame Clésinger. — Ferdinand
Bascans et le journal « La Tribune ».

Lettres inédites publiées et commentées

PAR

GEORGES D'HEYLLI

(EDMOND POINSOT)

PARIS — 1900

A la mémoire de ma chère femme,
née Emma Bascans,

Ce petit livre, dont elle avait désiré la publication, est pieusement dédié.

Mars 1900.

La fille de George Sand, Solange Dudevant, fut mise par elle en pension, vers
1840, dans la grande institution dirigée
rue de Chaillot, par Mme Bascans, devenue
depuis ma belle-mère. Pendant et après le
séjour de sa fille dans cette institution,
Mme Sand eut l'occasion d'adresser, soit
à sa directrice, soit à son mari qui était
professeur dans l'établissement, plusieurs
lettres intéressantes à divers titres. Après
sa sortie de pension, et son mariage avec
le sculpteur Clésinger, la fille de George
Sand continua à entretenir avec Mme Bascans les plus affectueuses relations, et elle
demeura longtemps en correspondance
suivie avec elle.

Aujourd'hui que leurs auteurs et leurs
destinataires ont tous disparu, je crois
pouvoir publier sans scrupule, conformément à un désir qui m'a été souvent ex-

2

primé, les lettres que M. et Mme Bascans avaient reçues de Mme Sand, de sa fille et même de son gendre. D'ailleurs, quelques-unes de ces lettres avaient déjà été insérées par moi, avec l'approbation même de Mme Clésinger, dans la Gazette anecdotique (1), et enfin j'en ai donné tout récemment, dans la Revue des Revues (2), les parties essentielles, me bornant à les accompagner de rapides commentaires simplement destinés à les relier entre elles, et à leur servir d'explication ; je les reproduis également dans la présente brochure.

Décembre 1899.

GEORGES D'HEYLLI.

(1) Voir les numéros de la Gazette anecdotique des 30 juin 1876, 15 janvier 1881 et 31 mars 1888.
(2) Voir les numéros des 15 octobre et 1er novembre 1899.

LA FILLE

DE

GEORGE SAND

La mort de la fille de George Sand,
Mme Solange Clésinger, survenue le 17 mars
1899, a appelé l'attention, non seulement sur
elle-même, mais aussi sur son frère, et sur
leur illustre mère à tous deux. Mme Clésinger n'avait conservé, par suite de circonstances particulières, que de lointains rapports
avec la famille de son frère ; d'autre part,
pendant les vingt dernières années de la vie
de sa mère, elle avait vécu séparée d'elle.
Quand, après la mort de George Sand, son
fils Maurice publia sa Correspondance (1)
qui ne comprend pas moins de six volumes,
d'ailleurs des plus intéressants à tous les

(1) Six volumes in-18, Michel Lévy, éditeur.

points de vue, il ne jugea pas à propos d'y faire entrer une seule des lettres — je dis « pas une seule » — adressées par elle à sa fille. Il nous a donc semblé qu'il pouvait être opportun de donner quelques détails sur ce second enfant de George Sand et dont la vie assez mouvementée, et cependant peu connue, offre certains points curieux et caractéristiques. Ces détails sont appuyés de la reproduction de lettres et de billets de George Sand, de sa fille et de son gendre, se rapportant à divers incidents de leur existence que nous allons sommairement résumer.

C'est, en novembre 1822, que Casimir Dudevant, fils d'un colonel de cavalerie de l'Empire (1), et qui lui-même avait été offi-

(1) Le baron Jean-Baptiste Dudevant, né le 23 juin 1754, à Bordeaux ; décédé le 20 février 1826. Il a été député sous la Restauration. Il signait alors Baron D'Udevant. J'ai sous les yeux plusieurs de ses signatures manuscrites conformes à cette dernière orthographe, qui est également celle que lui donne l'*Almanach royal*, pour 1814-1815, dans la Liste générale des députés des départements. Il était officier de la Légion d'honneur depuis le 2 décembre 1814.

cier subalterne dans l'armée, épousa Mlle Armandine-Aurore-Lucie Dupin, qui n'avait alors que 18 ans. Casimir Dudevant était âgé de 30 ans ; il avait quelques aimables qualités ; il était « gai et expansif » ; mais il avait aussi de graves défauts qui devaient rapidement prendre le dessus ; très positif, homme d'argent avant tout, sévère outre mesure pour les dépenses communes du ménage, il allait vivre avec une jeune fille que, jusqu'alors, les questions d'intérêt n'avaient jamais préoccupée, et dont les idées d'indépendance et d'idéal étaient tout à fait en contradiction avec celles plus terre à terre que manifestait son mari.

Cependant l'union contractée fut d'abord relativement heureuse, et elle dura environ neuf années — de 1822 à 1831 — sans trop de secousses difficiles. Au cours de ces années, suffisamment calmes, et pendant lesquelles, du moins, aucun bruit de désaccord n'éclata trop vivement, deux enfants virent le jour ; l'aîné, un fils, Jean-François-Maurice-Arnauld Dudevant, naquit le 30 juin 1823 ; le second, une fille, qui reçut le prénom de Solange, vint au monde le 14 septembre 1828.

L'éducation de ces deux enfants occupa presque exclusivement Mme Sand pendant les premières années de leur existence. Elle lisait aussi beaucoup, s'essayait à écrire, mais sans songer déjà à rien publier, et voyageait quelquefois, allant tantôt à Paris, tantôt, dans les commencements de son mariage, chez son beau-père, le colonel Dudevant, à Guillery, près Nérac ; mais le plus souvent elle résidait à Nohant même, où, dès les premiers jours, elle avait établi son ménage dans une petite propriété, qui lui appartenait en propre et que les longs séjours, qu'elle y a faits à diverses époques de sa vie, ont rendue célèbre.

C'est à dater de 1831 que la vie retirée qu'elle menait à Nohant lui devint insupportable, et qu'elle résolut de s'y soustraire. Au mois de novembre de cette même année, elle partit pour Paris, soi-disant pour trois mois seulement, laissant ses enfants à son mari, et n'ayant pour vivre dans la grande

ville qu'une somme mensuelle de 250 francs
que celui-ci consentit à lui servir. Presque
aussitôt, elle publia ses premiers romans et
fut célèbre du jour au lendemain, si bien que,
les trois mois écoulés, elle ne songea plus
du tout à revenir à Nohant, si ce n'est aux
époques des vacances. Sa fille Solange lui
fut alors remise, et elle l'emmena à Paris;
son fils Maurice resta, au contraire, à Nohant, avec son père, lequel, confiné dans la
maison de campagne de sa femme, y vivait,
au milieu de domestiques des deux sexes,
dans une familiarité de mauvais goût, qui ne
tarda pas à donner lieu à quelques scandales.
Une femme de chambre de la maison, pré-
nommée Julie, devint notamment alors l'hé-
roïne d'une aventure où M. Dudevant joua
un rôle qui fit quelque bruit. En outre les dépenses du ménage dépassaient trop souvent
le chiffre des revenus. M. Dudevant, qui
avait d'abord été un maître sévère et rigou-
reux à ce sujet, avait fini par se laisser dominer par ses domestiques, à ce point qu'ils le
pillaient à qui mieux mieux, et que, bientôt,

le désordre devint réellement intolérable.

C'est alors que Mme Sand se décida à introduire une demande en séparation, dont la conduite publiquement licencieuse de son mari lui fournissait les plus légitimes motifs. Il est vrai, d'autre part, que la vie de plaisirs, et de travail à la fois, qu'elle-même venait de mener et de partager à Paris avec un écrivain devenu, grâce à sa collaboration, célèbre lui aussi, tout en l'étant moins qu'elle, offrait au baron Dudevant des motifs, également légitimes, pour qu'il pût, de son côté, et comme par représailles, solliciter la même séparation qu'elle avait cru devoir provoquer contre lui.

Ce long procès, qui ne devait jamais avoir une issue légale bien nette ni bien claire, commença en février 1836 (1), et finalement une transaction intervint avant les dernières

(1) Lire dans la *Gazette des tribunaux* du 31 Juillet 1836 le compte rendu du *Procès en séparation de corps provoqué par Mme Dudevant, auteur des ouvrages publiés sous le nom de George Sand*. Elle avait pour avocat Me Michel (de Bourges). Voici un extrait du compte rendu, donné par la *Gazette* précitée, sur la toilette que portait Mme Sand, ainsi que sur son

plaidoiries et le jugement. M. Dudevant recevait la moitié de la fortune, et la garde de son
fils ; Mme Dudevant conservait Nohant et emmenait sa fille avec elle. Mais l'année suivante,
cette transaction fut modifiée d'un commun
accord, en raison de la situation qu'elle faisait aux enfants ; moyennant un avantage de
50.000 francs qu'elle consentit à son mari,
Mme Sand obtint que désormais tous les deux
lui seraient exclusivement laissés. Cette seconde transaction mit fin aux difficultés sur-
venues entre les deux époux, qui ne devaient
plus se revoir, que dans une circonstance que
nous dirons plus loin.

attitude devant la Cour, le jour où elle dut s'y présenter :
« L'auteur d'*Indiana*, de *Lélia* et de *Jacques* etait assise
derrière son avocat. Des Parisiens ne l'auraient peut-être pas
reconnue sous ce costume de son sexe, accoutumés qu'ils sont
à voir cette dame, dans les spectacles et autres lieux publics,
avec des habits masculins et une redingote de velours noir,
sur le collet de laquelle retombent en boucles ondoyantes les
plus beaux cheveux blonds que l'on puisse voir. Elle est mise
avec beaucoup de simplicité : robe blanche, capote blanche,
collerette tombante sur un châle à fleurs. Cette dame semble
n'être venue à l'audience que pour y trouver quelques élo-
quentes aspirations contre l'irrévocabilité des unions mal as-
sorties. »

Voici donc Mme Sand en possession de ses enfants, et devenue, de par la transaction ci-dessus rappelée, l'éducatrice et la gouvernante de leur jeunesse. Maurice fut placé comme élève au Lycée Henri IV (1); mais c'est auprès de sa mère que fut, dans le principe, commencée l'éducation de Solange. Mme Sand, elle-même, donna d'abord les premières leçons — quand elle le pouvait — c'est-à-dire sans régularité et tout à fait à bâtons rompus. Solange, difficile de caractère, indépendante, « indomptée », l'esprit plein de vivacité, de légèreté et d'intelligence à la fois, était l'enfant la plus indocile et la moins capable d'attention. Puis les occupations multiples de Mme Sand, romancier célèbre, à la mode, et surtout les obligations de sa vie littéraire, qui se passait beaucoup au dehors, rendirent bientôt les leçons, qu'elle était censée donner à sa fille, tellement illusoires qu'il fallut songer, soit à la mettre en pen-

(1) Rentré ensuite chez sa mère il y acheva son éducation sous la direction de divers précepteurs, entre autres Eugène Pelletan, Félicien Mallefille et Aristide Rey.

sion, soit à lui procurer une institutrice à domicile.

C'est à ce dernier parti que Mᵐᵉ Sand, qui ne voulait pas se séparer de sa fille, s'arrêta tout d'abord en confiant Solange à une maîtresse, qui lui avait été recommandée par Mˡˡᵉ de Rosière, l'une des bonnes élèves de Chopin, qu'elle recevait chez elle, et qu'elle avait d'abord rencontrée chez lui. Cette institutrice se nommait Mˡˡᵉ Suez ; elle avait beaucoup de savoir ; mais il semble que, dans la circonstance, la pratique d'un enseignement intelligemment approprié au caractère révolté de son élève, lui ait presque totalement manqué ; il semble surtout que son influence et son autorité aient été trop insuffisantes pour que ses leçons aient jamais profité. Solange était, en effet, rebelle à toute discipline, faisant mal ses devoirs, ou ne les faisant pas, et finalement l'institutrice dut être remerciée.

Il fallut alors revenir à l'autre parti, c'est-à-dire mettre Solange en pension. Mais le projet fut d'abord combattu par un ami de

Mme Sand, qui aurait voulu qu'elle persistât à
essayer encore des leçons de Mlle Suez, malgré le mauvais résultat qu'elles avaient donné.
A cette occasion elle écrivit à cet ami les
deux curieuses lettres suivantes :

J'ai changé d'avis depuis hier, mon ami, et je
suis bien décidée, quoique vous m'ayez dit, à
ne plus garder Mlle Suez. Je mettrai donc Solange en pension. Ce n'est pas que j'aie grand
goût — par souvenir sans doute, — pour ces édu-
cations en commun où l'instruction est dispensée,
parfois sans grande intelligence, à une quantité
d'enfants qui la reçoivent et s'en pénètrent comme
elles peuvent, sans que la dose qui doit revenir et
convenir à chacune d'elles, lui soit suffisamment
distribuée... Mais en y songeant bien, c'est le seul
parti raisonnable. Solange ne fait rien chez moi,
et son institutrice a épuisé ses peines à la vouloir
diriger comme je l'entendais. Quant à penser à lui
donner moi-même des leçons, ainsi que je l'avais
d'abord entrepris, c'est le dernier moyen que je
veuille employer aujourd'hui. Je m'userais, moi
aussi, à vouloir obtenir d'elle moins de légèreté
et plus d'attention. Il n'est point d'ailleurs, selon
moi, de pire institutrice qu'une mère ; nous n'avons
en nous, tant nous sommes désireuses de voir pro-

gresser nos enfants, ni le calme, ni le sang-froid
nécessaires pour savoir modérer nos préceptes,
graduer nos leçons et surtout contenir nos impa-
tiences. L'esprit de Solange est, d'ailleurs, devenu
trop indépendant pour que je puisse espérer reprendre sur lui une domination que je n'avais jamais
complètement exercée. La discipline lui est in-
connue, et ce n'est que chez les autres, et dans une
maison où elle est de règle immuable et absolue,
que je puis espérer voir rendre à cet esprit en ré-
volte sa pondération et sa mesure.

... Soyez bien persuadé cependant qu'en confiant
son éducation à des étrangers, et hors de chez moi,
je surveillerai le programme de son propre travail. Je ne veux pas qu'on la fatigue, ni qu'on rem-
plisse de trop de choses son esprit si impression-
nable ; je ne veux pas non plus qu'on la pousse
trop en dehors des voies de la philosophie et de la
religion naturelle, et j'entends qu'elle reçoive
une éducation religieuse qui ne soit ni routinière,
ni absurde. L'image de Dieu a été entourée par le
culte de tant de subterfuges et d'inventions étranges, que je désire qu'autant que possible sa pensée
n'en soit pas imprégnée. Je tolèrerai qu'elle suive,
mais seulement jusqu'à sa première communion,
les exercices de piété en usage dans la maison. Le
mysticisme dont la religion, ainsi qu'on nous la

présente, a enveloppé la figure sublime du Christ, dénature tout à fait les causes premières de la grande mission qu'il avait à remplir sur la terre, mission qu'on a travestie pour la faire servir à des intérêts et à des passions de toutes sortes. L'étude philosophique et vraie de sa vie a démontré, au contraire, le néant de la plupart des traditions qui sont venues jusqu'à nous sous son nom, et je ne veux pas pour Solange d'un enseignement de ce genre trop prolongé, et dans lequel elle pourrait puiser, et conserver dans un âge plus avancé, des principes d'exclusivisme et d'intolérance, dont je crois qu'il est de mon devoir de la garantir.

Il est à remarquer que dans cette dernière lettre, Mme Sand aborde déjà, longtemps à l'avance, une question qui semble devoir primer toutes les autres dans son esprit, pour ce qui regarde l'éducation de sa fille : la question de l'instruction religieuse. Nous citerons, plus loin, une autre lettre où cette même question est reprise par elle avec une insistance encore plus accentuée et plus précise.

Le choix de l'Institution privée, où devait être élevée la fille de Mme Sand fut provoqué par cette même Mlle de Rosière, qui avait déjà conseillé le choix de l'institutrice Mlle Suez. Elle était liée avec la maîtresse d'un pensionnat, alors bien connu à Paris, Mlle Sophie Lagut, devenue par mariage Mme Ferdinand Bascans, et dont l'établissement était situé dans le bas de la rue de Chaillot, au n° 70, vis-à-vis la maison de retraite de Sainte-Périne, et proche le petit hôtel qu'occupaient, au coin des Champs-Elysées, M. et Mme Emile de Girardin. Femme tout à fait supérieure, Mme Bascans avait créé elle-même le grand internat qu'elle dirigeait avec une haute autorité et un réel succès.

Son mari Ferdinand Bascans, était à la fois journaliste et professeur. Il avait appartenu, pendant plusieurs années, comme gérant, à un journal d'opposition, alors fameux, *la Tribune,* dont son compatriote Germain Sarrut avait pris la direction, et qui eut une existence des plus orageuses. En sa qualité de gérant Bascans fut incriminé dans une suite incroyable de procès, pour attaques au gouvernement, qui se terminèrent tous par de nombreuses années de prison, et par de formidables amendes (1). En somme les 200.000 francs qui composaient tout l'avoir de Sarrut; et qu'il avait mis dans l'exploitation du journal, furent dévorés en peu de temps, et le journaliste survécut, pauvre, pendant plus de cinquante ans à la perte de sa

---

(1) Il était né en 1801. J'ai toute sa correspondance relative à son passage, comme gérant, à *La Tribune*. C'était le journal le plus agressif de l'époque. Un jour Bascans répondit à une réclamation formulée contre la violence d'un article : « Je n'ai point d'explications à donner, point de rétractation à faire ; si après cela un autre genre de satisfaction peut vous être agréable, n'oubliez pas que c'est toujours où, quand et comme il vous plaira. » Tel était le ton habituel du journal. Et cependant Bascans était l'homme le plus doux du monde ; mais son emploi de gérant d'un journal armé jusqu'aux dents l'obligeait à cette attitude farouche. « Il s'ensuivit pour lui, dit Vapereau dans la 2ᵉ édition de son *Dictionnaire des Contemporains* (1865), plusieurs duels, heureux la plupart, soixante-cinq saisies et autant de procès, plus de 60.000 francs d'amende ou de frais de justice, trente-deux mois de prison, deux arrestations préventives, trois accusations capitales devant les conseils de guerre, etc... » En 1848 il devint premier adjoint au maire du 1ᵉʳ arrondissement de Paris. C'est la seule faveur qu'il voulut accepter des puissants du jour, qui, cependant, étaient tous ses amis. Il est mort à Neuilly le 31 décembre 1861. — Voir, plus loin, la note IV.

fortune (1). Bascans abandonna en même temps le journalisme, et entra comme professeur de littérature et d'histoire dans le grand pensionnat que dirigeait Mlle Lagut qu'il épousa quelques mois plus tard.

M. Bascans était un professeur d'élite, d'un caractère élevé, et d'un cœur excellent. Sa femme et lui ont laissé, dans la mémoire de leurs élèves, de profonds regrets et d'inaltérables souvenirs. En effet, le ménage Bascans vivait dans une union parfaite à tous les points de vue. Les deux époux se complétaient l'un l'autre, dans leur coopération commune à la prospérité de leur établisse-

(1) Germain-Marie Sarrut, né le 20 avril 1800. Pendant sa direction à *La Tribune* il fut impliqué dans cent quatorze procès au cours desquels il prit plus de soixante-dix fois la parole pour se défendre lui-même. Méridional, très exubérant, il était d'une ardeur de plume et de langage tout à fait extrême. Il a créé et dirigé une immense *Biographie des hommes du jour* (1835-1842), qui lui a valu aussi de nombreuses récriminations et des procès. Il devint député en 1848; mais, pas plus que Bascans, il ne profita de l'avénement de ses amis au pouvoir pour obtenir d'eux des compensations, et un emploi lucratif quelconque, si bien qu'il a fini par mourir très longtemps après, le 20 octobre 1883, dans un état tout à fait voisin de la misère.

ment où Mme Sand vint, un jour, leur présenter sa fille.

Il faut dire, tout d'abord, que ce ne fut pas sans quelques débats, et seulement après de mûres réflexions que M. et Mme Bascans se décidèrent à accepter la fille de Mme Sand au nombre de leurs élèves. Le nom du célèbre écrivain était alors un peu comme un épouvantail pour certaines mères de famille. C'était l'époque des romans de Mme Sand où elle soutenait et développait bien des paradoxes sociaux dont tout son talent ne pouvait suffire à faire accepter les périlleuses séductions. Ses livres, où étaient souvent palliés bien des erreurs et des vices, et où l'adultère était même excusé, se lisaient un peu comme en cachette dans bien des familles. Mme Bascans put donc craindre de froisser beaucoup des parents de ses élèves, lorsqu'ils apprendraient que la fille de l'auteur de *Jacques*, d'*Indiana* et de *Lélia* allait devenir la compagne de leurs enfants.

En outre, Mme Sand avait sur l'éducation des filles en général, et surtout sur celle de

sa fille, en particulier, des idées très per-
sonnelles et très arrêtées, qu'elle aurait voulu
imposer, dans la circonstance, comme un
programme à suivre, en quelque sorte pour
elle seule. Ces idées étaient tellement peu en
harmonie avec celles qui étaient mises en
pratique dans l'établissement de Mme Bascans, que cette dernière se refusa tout
d'abord à admettre même une discussion à
ce sujet. Finalement il fut convenu que Solange Dudevant, fille de Mme Sand, serait
élevée conformément aux règles en usage
dans l'Institution, et sans que l'intervention
de sa mère pût peser d'un poids quelconque
pour les modifier ; mais liberté était laissée à
Mme Sand d'écrire à M. ou à Mme Bascans
tout ce que bon lui semblerait sur les principes d'éducation qu'elle prétendait faire
prévaloir, sauf pour ceux-ci à n'en tenir
compte que dans la mesure qui leur paraî-
trait possible et convenable.

Mme Sand n'abusa pas de cette condescen-
dance et ses lettres, relatives au séjour de
sa fille chez Mme Bascans, furent, contraire-

ment à ce que cette dernière avait pu craindre,
plutôt celles d'une bonne mère de famille,
inquiète des besoins matériels de son enfant,
que d'un pédagogue voulant imposer ses
manières de voir sur l'instruction et l'éducation. Il est même intéressant de surprendre
cet illustre écrivain, dans ce rôle nouveau
pour elle, et où, comme toutes les « ma-
mans » du monde entier, elle montre, pour
le bien-être de son enfant, beaucoup de pe-
tites et charmantes préoccupations toutes na-
turelles bien que sans grande importance.
Quand elle voulut aborder aussi des questions plus hautes, ce fut toujours, comme
on le verra surtout dans les lettres citées
plus loin, de la manière la plus élevée et
la plus conciliante, je dirai même la plus
respectueuse pour les droits comme pour la
personne des directeurs de l'Institution, où
elle avait placé sa fille, et qu'elle traita bientôt comme de véritables amis.

Cependant elle sembla, une seule fois,
vouloir imposer plus particulièrement sa volonté. C'est qu'il s'agissait d'une question

sur laquelle elle paraissait vouloir moins tran-
siger que pour le reste : la question religieuse. Mais elle ne devait pas triompher davantage, en cette circonstance, des idées
bien arrêtées, et des résistances légitimes, et
alors en quelque sorte professionnelles,
des éducateurs de sa fille, qui continua à être
conduite à la messe, en même temps que ses
compagnes, et qui, d'ailleurs, personnelle-
ment, ne montra pas qu'elle partageât, au
moins à ce moment-là, les opinions radicales
de sa mère en matière de religion.

Voici d'abord un billet, adressé par George
Sand à M. Bascans, un jour de rentrée de
sa fille au pensionnat, après la sortie hebdo-
madaire du dimanche :

A Monsieur Bascans.

Dimanche, mai 1841.

Je vous remercie, Monsieur, des détails que vous
voulez bien me donner sur Solange ; j'espère que
tout ira bien, car elle me paraît déterminée à devenir bonne enfant ; j'ai été extrêmement contente

d'elle, de sa douceur et de sa politesse, cette fois-
ci. Je puis même dire que je ne l'ai jamais vue si
aimable une journée entière. Elle a un très bon
cœur, et vous verrez quand sa nonchalance ou sa
résistance seront tout à fait vaincues, qu'elle a une
tête des mieux organisées; il n'y a que le caractère qui pèche ; il est fantasque, inégal, domina-
teur, jaloux et emporté. Voilà les tendances. Il y a
pour combattre ces instincts malheureux, beaucoup
d'intelligence, de générosité, une certaine gran-
deur innée, l'absence totale de ressentiment, de la
tendresse même, et un sentiment élevé de la justice. Elle a besoin d'un régime doux et calmant
au moral comme au physique. Il me paraît que
sous ce rapport elle trouvera chez vous les conditions favorables; quant au développement intellectuel et moral, je sais qu'elle ne peut être en de
meilleures mains.

Si vous voulez bien lui acheter l'atlas dont elle
a besoin et l'ouvrage de Lavallée sur l'histoire de
France, vous me ferez plaisir. Son frère se sert
ici de notre exemplaire et de nos atlas.

Recevez tous mes remerciements, et veuillez
agréer, Monsieur, et faire agréer à Madame Bascans l'expression de mes sentiments les plus dévoués.

G. Sand.

Et après cet élogieux portrait de sa fille, au point de vue moral, elle ajoute le lendemain :

Lundi matin.

Voici un post-scriptum qui gâte un peu ce qui précède. Ce matin Solange est insupportable. Elle pleure, parce que je ne veux pas arranger ses papillottes, et résiste pour s'en retourner. Si elle arrive après 10 heures, je vous prie de la punir parce qu'on n'a cessé de la tourmenter, sans obtenir qu'elle se hâtât. En outre, je ne la prendrai à sa prochaine sortie que le dimanche matin pour la faire rentrer dimanche soir. Je vous engagerais même à la priver de cette prochaine sortie si le cas était plus grave; mais comme elle a eu toute une journée de bonne humeur, il est juste que la punition ne soit pas trop forte. Mᵐᵉ Bascans aura la bonté de lui expliquer et de lui faire sentir ses torts.

Et sur les études mêmes de sa fille, voici une importante et remarquable lettre où l'illustre écrivain pose et discute, avec un sens aussi élevé que pratique, quelques questions générales d'éducation :

A Monsieur Bascans.

J'ai bien tardé, Monsieur, à répondre à votre aimable lettre. J'attendais pour le faire que j'eusse pu examiner assez le moral et l'intellectuel de Solange pour vous en parler, et cet examen je n'ai pu le faire vite au milieu de la fièvre d'amusement qui la possède ici, et à laquelle il faut bien laisser son élan et son cours nécessaires. J'y suis parvenue peu à peu, à bâtons rompus et comme par surprise — quant aux études. Car, pour le caractère, je l'ai trouvé, sinon plus débonnaire, du moins plus retenu, et mieux gouverné par la volonté intérieure. Il y a encore beaucoup à faire de ce côté-là, mais j'espère, et je vois que votre travail n'a pas été perdu. Quant aux études, je vous dirai mes impressions avec la plus entière franchise. Tout ce qui a été appris avec vous, dans les leçons particulières, a été parfaitement compris et retenu avec une précision et un détail tout à fait miraculeux. La grande faculté de Solange c'est la mémoire des faits; elle y joint la faculté de les exprimer, et je crois qu'elle pourra comprendre sérieusement, analyser logiquement, et écrire avec talent, en un mot faire de bons travaux d'histoire. Hors de là, je ne vois rien d'artiste dans sa nature, et peu importe. Il faut

donc la développer dans le sens de ses aptitudes,
et j'ai à vous remercier sous ce rapport, car elle a
appris beaucoup dans le peu de temps que vous
l'avez cultivée. Je désire donc extrêmement que
vous lui continuiez ses leçons particulières, que
vous la fassiez beaucoup lire et écrire avec vous;
le plus clair et le plus sûr de son éducation est là.

Hors de là, je sais fort bien qu'il n'y a rien pour
Solange; que les leçons générales, où l'on est plus
de 4 ou 5 élèves, et où chacune n'est pas examinée
séparément et attentivement ne lui apprendraient
rien. Ces leçons générales sont bonnes pour qui
veut écouter. Mais la plupart de ces enfants n'ont
pas encore cette volonté, et Solange moins que
toute autre. Ainsi les leçons d'anglais sont nulles
pour elle, et je vous en parlerai même tout à
l'heure comme tout à fait nuisibles à son cerveau.
Mais les leçons générales ont pour elle un avantage autre que le progrès réel et rapide. C'est de
discipliner les apparences de la volonté et d'enré-
gimenter la personne. En cela l'éducation générale m'a paru nécessaire à ma fille, dont l'humeur
sauvage et fière eut pris des habitudes excentri-
ques. L'effet de cette éducation sur elle est donc
bon sous le côté moral, mais nul, ou peu s'en faut,
sous le rapport intellectuel, et comme il est bien
urgent de développer simultanément les deux
puissances, Solange ne peut pas se passer de

5

bonnes leçons particulières, les plus longues et
les plus fréquentes possible,

Je viens donc vous proposer et vous demander
un arrangement. C'est qu'à la place de certaines
leçons où Solange ne fait rien, elle aille près de
vous lire et faire des extraits et des résumés ; sinon
près de vous, du moins dans un coin où elle puisse
et doive piocher l'histoire, afin de vous rendre un
compte exact de sa besogne.

Ces heures-là sont je crois celles des leçons
d'anglais, leçons dont j'ai vu le résultat pitoyable,
et qui ne sont pas suffisantes. Ceci n'est pas l'effet
d'une plainte de Solange ; j'ai fouillé à fond les
replis de sa paresse et de sa conscience, et, me
faisant rendre compte avec la ruse d'un juge
d'instruction, de la manière de cet enseignement,
je me suis convaincue qu'il péchait sous le rapport de la surveillance, et qu'on était libre, non
seulement de ne pas l'entendre (ce à quoi le meilleur maître ne peut rien), mais encore de ne pas
l'écouter. Solange ne me paraît avoir aucune anti-
pathie pour la maîtresse d'anglais. Elle dit qu'à la
première division cette même maîtresse fait faire
des progrès, mais qu'à la seconde, il n'y a pour
elle aucun moyen de se mettre au courant de ce
qu'elle ne sait pas, et qu'on ne l'a jamais interrogée
ni aidée à quoi que ce soit. Il est certain qu'elle a
oublié jusqu'au premier mot du peu qu'elle en

savait. Ceci n'est pas un regret pour moi, je ne tiens pas beaucoup à ce qu'elle apprenne l'anglais, et si elle vient à le croire utile un jour, il sera encore temps. Ce à quoi je tiens, c'est qu'elle apprenne à travailler, et si une leçon ferme et complète ne suffit pas toujours à en donner le goût et le moyen, une leçon un peu molle et préoccupée en ôte le désir et l'intention. Solange est toujours prête à secouer le joug quand il est mal attaché, et pour peu que l'institutrice soit distraite, souffrante ou débonnaire, elle s'exalte dans son dédain systématique pour l'étude. Les autres leçons générales, celle de français surtout, me paraissent très bonnes, car elle en a certainement profité et elle est en grand progrès sous ce rapport. Donc, pour conclure, s'il vous était possible de faire remplacer l'anglais par des études de français à l'état littéraire, ou d'histoire à l'état un peu philosophique, comme ce qui a été fait déjà avec beaucoup de succès, tout serait pour le mieux. Je pense que vous avez déjà bien assez de fatigue et je n'oserais pas vous demander d'augmenter une tâche si pénible.

Mais s'il y avait autour de vous quelque personne capable de servir de répétiteur aux études d'histoire que vous faites faire, je l'indemniserais comme vous le jugeriez à propos du temps et de la peine qu'elle y consacrerait, le tout sous votre direction, et tout à fait subordonné à votre méthode, de manière à ce que vos leçons particulières, auxquelles je tiens avant tout, trouvassent la besogne préparée et l'esprit bien labouré pour recevoir le bon grain de votre enseignement.

Je demande peut-être beaucoup, mais je suis sûre pourtant que vous m'aiderez à cultiver cette terre forte un peu fortement. Elle m'a raconté la vie de François Ier avec les moindres détails de lieux, de dates et même de stratégie. Une telle mémoire peut porter de gros fardeaux, et ce serait grand dommage de ne pas la remplir de ce qu'il y a de plus important, et de plus mûrissant, l'histoire !

Pardon de ces longs détails ; j'espère que la maîtresse d'anglais ne sera pas réprimandée à cause de nous, et qu'elle ne saura même pas combien Solange la bénit de son extrême douceur. Ses leçons peuvent être bien bonnes pour des esprits plus doux et plus posés que celui de ma superbe. Ainsi ce n'est ni une délation ni une plainte que je vous adresse ; j'ai assez donné de leçons moi-même pour savoir que c'est la tâche la plus cruelle et la plus difficile qui soit au monde, et j'ai assez vécu pour savoir qu'il ne faut pas exiger au delà du possible, c'est-à-dire au delà d'une certaine mesure de bien en toutes choses. Ce qu'il y a, dans votre établissement de bien ordonné et de

profitable, je l'apprécie grandement, et j'en vois
les résultats avec autant de satisfaction que de
reconnaissance. Solange me paraît pleine de respect pour vous et d'attachement pour Mme Bascans. C'est un grand point; comme elle est d'humeur jalouse, elle m'a paru très portée à désirer
accaparer les affections de Mme Bascans, et comme
elle est avec moi ombrageuse et susceptible à cet
égard — jusqu'à la tyrannie si je me laissais faire,
— je vois bien qu'elle est disposée à la passion
envers votre femme. Il faudra que Mme Bascans
prenne garde à quelque coup de poignard, si elle
se permet une préférence pour une autre.

Je vous la renverrai le plus tôt possible, vers
l'époque de la rentrée réelle qui ne doit être, je
pense, que dans huit à dix jours. Je serai peut-
être forcée de prolonger cela jusqu'à la quinzaine
à cause des affaires de mon frère qui doit la
reconduire. Nous sommes un peu loin, assez occu-
pés et nous ne faisons pas toujours ce que nous
voulons. Puisque vous me demandez des nouvelles de mon travail à moi, je vous dirai que je
viens de finir un gros et lourd roman plein,
comme à l'ordinaire, de bonnes intentions, et vide
de beaux résultats. Je ne me décourage pas pour
si peu. Mes ouvrages seront l'amusement d'un
jour, et passeront avec moi. Il suffit à mes
forces et à mes ambitions qu'en ces jours de lutte

et d'incertitude qui passeront aussi, ils servent à entretenir le rêve de quelques beaux sentiments dans quelques âmes plus fortes d'ailleurs et plus efficaces que la mienne (1).

Croyez bien que votre approbation et vos sympathies me sont douces et encourageantes. Rappelez-moi au souvenir de votre aimable compagne et comptez sur mes sentiments dévoués et affectueux.

Tout à vous.

GEORGE SAND.

... Solange a sur le chantier, depuis huit jours, une lettre pour Mme Bascans, et deux autres pour des compagnes qui lui ont écrit; mais il passe tant d'enivrements, tant de papillons, tant de petits chiens et d'enfantillages dans sa jeune cervelle que je ne veux pas attendre davantage la fin de son courrier pour vous envoyer le mien.

La lettre qui suit est encore relative à la

(1) Mme Sand est bien dure ici pour elle-même — et cela à tort. Ses livres ont déjà vécu beaucoup plus longtemps qu'elle; ils ont été, et seront toujours l'honneur de notre littérature nationale. Aujourd'hui encore, plus de vingt ans après la mort de l'illustre écrivain, on lit sans cesse la plupart de ses beaux récits dont plusieurs sont consacrés à jamais comme de classiques chefs-d'œuvre.

direction que Mme Sand désire voir adopter pour l'instruction de sa fille :

A Monsieur Bascans.

Octobre 1841.

Qu'il en soit pour Solange comme vous prononcerez en dernier ressort. Quant à la direction, je m'en rapporte à vous, Monsieur, et quant à la dépense, je vous laisse l'arbitre de nos mutuelles contributions. Je suis très gênée il est vrai, comme nous le sommes tous dans ce temps de crise ; mais quand il s'agit de ce qui m'intéresse avant toutes choses, l'éducation de mon enfant, et quand vos droits sont si justes, je ne vois pas matière à discuter, de plus je n'en ai nulle envie, et comme vous avez fixé vous-même le taux de la pension, je vous prie de fixer tout le reste.

Je regarde vos leçons particulières comme nécessaires. Je vous prierai de songer pour elle au calcul arithmétique. Elle avait beaucoup d'aptitude dans sa première enfance, mais elle a oublié ce qu'elle savait, et je suis peu propre à le lui rapprendre. Elle me paraît avoir du goût pour les sciences physiques élémentaires, et avoir profité des leçons qu'elle a reçues chez vous. Comme je suis rappelée à Paris plus tôt que je ne pensais, j'aurai le plaisir de causer moi-même avec vous de toutes ces choses, et d'acquitter mes dettes en vous ramenant Solange à la fin du mois, mes affaires ne me permettant pas de partir plus tôt. Celles de mon frère le reportent encore plus loin, et mon fils est appelé dans le Midi auprès de son père. Or je n'ai voulu confier Solange à personne autre. J'espère qu'elle réparera le temps perdu, elle le promet! mais hélas! promettre et tenir font deux et jusqu'ici l'instruction n'entre guère en elle que par surprise.

Je me hâte de vous remercier de votre bonne lettre et de l'aimable souvenir de Mme Bascans; je suis accablée de travail et d'affaires. Croyez bien que j'ai en vous, sous tous les rapports, la confiance que vous méritez et la reconnaissance que je vous dois.

GEORGE SAND.

Citons maintenant quelques lettres ou billets où se montre surtout « la maman » et non plus l'écrivain parfois un peu pédagogue :

A Madame Bascans.

Madame,

Solange s'est montrée fort gentille cette fois-ci avec moi, et comme je dois partir dans le commencement du mois prochain, je vous demande la permission de la faire sortir jusque-là tous les dimanches, si vous êtes contente d'elle. Au cas où vous ne le seriez pas, je vous prierais de vouloir bien me faire savoir sa faute car je ne peux rien lui arracher. Je l'ai grondée du peu de soin qu'elle prend de ses affaires; son joli chapeau neuf, qu'elle porte aujourd'hui pour la seconde fois, est déjà fané; elle a pourtant un carton pour le serrer. Elle dit, pour sa justification, que la personne qui tient la lingerie ne veut pas qu'elle le serre dans le carton, et le met en pile avec les autres. Elle demande une armoire et promet d'être fort soigneuse. S'il y en a une de vacante, voulez-vous bien, Madame, lui permettre de s'en servir, nous verrons si elle en fait bon usage, et si elle prend un peu d'ordre.

Mlle de Rosière m'a dit que vous accusiez une erreur de quelques centimes à propos du compte de Solange. Je vois au contraire que l'erreur est à votre détriment; la note est de 341 fr. 25. J'irai dans la semaine vous serrer la main si je suis mieux portante. Mais toute cette dernière semaine j'ai été très malade. J'espère que M. Bascans et Mlle Zizi (1) ne vous donnent pas de pareils sujets de mécontentement.

GEORGE SAND.

(1) Surnom d'enfant donné à la fille aînée de Mme Bascans, que l'on appelait aussi Zizette, mais qui, en réalité, se nommait Emilie.

A Madame Bascans.

Chère Madame, dans une petite lettre que Solange avait remise ce matin pour moi à Mlle de Rosière, elle se plaignait d'avoir encore froid. Mon médecin m'a tellement recommandé de la couvrir que je vous prie de lui laisser porter le fichu ouaté que j'ai envoyé avant-hier ; le gilet de bourre de coton n'est pas extrêmement chaud. J'envoie aujourd'hui un pantalon tricoté, un second gilet, une chemise de nuit et des mitaines. Comme on est fort capricieuse, bien qu'on se plaigne du froid, il est fort possible qu'on ne veuille pas porter de caleçon ; celui que j'ai remis ne doit pas être commode. Veuillez me le faire renvoyer et exiger qu'on porte le neuf... Mille pardons de tout ce détail de guenilles, et à vous de tout mon cœur.

GEORGE SAND.

A Madame Bascans.

Chère Madame, je vous laisserai Solange aujourd'hui. Elle n'a pas eu de frisson ni de fièvre hier soir. Ayez la bonté de vous en occuper un peu pendant deux ou trois jours, de 8 à 9 heures, au cas où elle sentirait du froid ou du malaise en se couchant. Le seul remède serait de la bien couvrir et de lui faire avaler une ou deux tasses d'eau chaude avec un peu de sirop de violettes dont je la munis. Voulez-vous permettre aussi que pendant ces deux ou trois jours elle reste au lit une heure de plus que de coutume? Je la crois guérie, mais elle a eu ici, samedi, un accès de fièvre nerveuse très violent dont il ne faudrait pas permettre le retour.

Croyez-moi bien toute à vous, et mille compliments affectueux à M. Bascans.

GEORGE SAND.

A *Madame Bascans*.

Chère Madame, je vous fais passer cinq cents francs à compte. Je vous enverrai le reste à la fin du mois. Ne me laissez donc plus vous oublier, je ne sais jamais le compte des mois, des jours ni des années, et de même que je vous demanderais avec confiance de m'attendre quelques jours si je n'étais pas en fonds, ne craignez pas de me gêner en m'envoyant les notes exactement.

A vous de cœur.

GEORGE SAND.

A *Madame Bascans*.

Chère Madame, je pense que Solange vous aura confessé directement sa faute. J'ai été fort sévère

pour une résistance puérile et une réponse stupide-
ment impertinente, parce que, comme elle est en
âge de raison, je crois ne devoir plus souffrir aucun caprice de ce genre. Dans son chagrin je n'ai
pas été très frappée du mouvement de son cœur.
J'ai cru voir un repentir qui ne s'est éveillé qu'au
dernier moment, et lorsque la punition lui a
paru prendre une tournure sérieuse. Il y a eu
plus d'humiliation et de dépit de s'en aller à jeun
que de m'avoir affectée et offensée. La marque
d'un repentir sincère eût été une petite lettre
d'elle dès le lendemain ; mais cette lettre ne
m'arrivera, j'en suis sûre, que le samedi, c'est-à-
dire avec l'espérance de sortir. S'il en est ainsi, je
n'y répondrai pas, et je ne l'enverrai pas chercher,
parce que si son cœur ne lui dicte rien, et ne
s'éveille pas de lui-même, il faut au moins que la
réflexion et le châtiment lui enseignent le devoir.
Je conviens que c'est sa première faute réelle
envers moi depuis trois semaines, et que jamais
ses bonnes dispositions n'avaient duré aussi longtemps ; mais c'est précisément parce qu'elle peut
être raisonnable et douce désormais avec un
léger effort de volonté, que l'abandon de sa
volonté à l'âge où elle arrive est plus fâcheux et
moins tolérable.

Bonjour, chère Madame, je n'ai pas été vous
dire tout cela parce que je ne veux pas la voir

qu'elle ne m'ait prouvé un repentir affectueux et désintéressé. Mille choses affectueuses à M. Bascans, et croyez-moi toute à vous de cœur.

GEORGE SAND.

Ci-joint un petit manteau pour Solange; faites la « monter à cheval » je vous prie ! Ses accès d'humeur sont souvent l'indice d'un sang mal équilibré, mais ce n'est pas une raison pour les tolérer, car sa volonté est forte pour les combattre.

A Madame Bascans.

Chère Madame, voulez-vous bien remettre Solange à Mme Marliani, qui doit me l'expédier par une subite occasion. Le retour de Mme Viardot se trouve retardé, et malgré ma bonne volonté de laisser travailler Solange le plus longtemps possible, je suis forcée de profiter de l'occasion qui se présente. Serez-vous assez bonne pour veiller un peu à ce qu'elle emporte les livres que M. Bascans lui a recommandé de continuer ? Je n'ai pas de Dante traduit ici; il faudra peut-être aussi que vous pensiez pour elle au paquet de chemises, bas, jupons etc., car elle pensera à tout, hormis au nécessaire. J'espère que mon homme d'affaires a soldé exactement mon compte avec vous. Je vous ramènerai Solange dans deux mois.

J'espère que vos chères enfants vont bien, et que M. Bascans se trouvera bien de sa tournée méridionale.

A vous de cœur.

GEORGE SAND.

A Madame Bascans.

Solange me dit, chère Madame, que vous viendrez me voir ce soir. Je suis forcée de sortir ; plus je me prépare à mon voyage et plus, je crois, m'arrivent d'occupations imprévues. Si vous persistez dans la bonne idée de me venir voir, je vous en serais bien reconnaissante, car le voyage de Chaillot me prendrait encore du temps, et je suis accablé de fatigue. Je serai chez moi demain toute la journée et le soir aussi ; soyez donc bonne et venez me voir, vous me rendrez service.

A vous de cœur.

GEORGE SAND.

A Madame Bascans,

Chère Madame, je viens vous demander une grâce que j'aurais voulu aller solliciter moi-même c'est de laisser Mlle Julie venir faire les Rois avec nous, et ensuite voir *Macbeth* avec nous aussi. C'est une si grande joie pour Solange de rêver à cela depuis hier soir, que nous aurons tous beaucoup de chagrin si vous ne le permettez pas. Je

ne puis sortir malheureusement, mais je vous
assure que mon fils, en accompagnant ces demoi-
selles en voiture sera un mentor aussi respectable,
et surtout aussi respectueux que vous pouvez
le désirer. Nous sommes habitués, ici dans la
famille, à lui faire escorter nièces et cousines, et
nous aimerions à regarder Mlle Julie comme de lá
famille. Comme il sera bien tard pour vous la
reconduire ce soir, Solange propose de la faire
coucher dans sa chambre et de vous la reconduire
demain matin avec sa bonne. Tout cela sera-t-il
agréé? J'espère que vous avez confiance dans
le soin que je prendrai de nos deux enfants; elles
ne me quitteront pas un instant. Permettez, je
vous en prie, vous serez tout à fait bénie.

    A vous de cœur.   GEORGE SAND.

A *Madame Bascans.*

Chère Madame, Solange n'est pas bien portante
elle a eu cette nuit une éruption assez forte à la
peau et de la fièvre; le mal de gorge et le mal de
tête ont diminué. Ne soyez pas étonnée si elle ne
rentre pas cette semaine.

J'espère que votre petite va mieux, et que
M. Bascans brave ce temps malsain, qui, je crois,
contribue bien à tous nos dérangements.

    Toute à vous.   GEORGE SAND.

A Madame Bascans.

Chère Madame, je vous redemanderai Solange aujourd'hui à 4 heures. Je n'ai pas de temps et pas d'yeux pour vous écrire tout ce que j'ai à vous dire, mais j'irai vous voir et causer avec vous. En attendant, ne croyez rien qui ne soit de ma part affection, estime et satisfaction. Je devais reprendre ma fille aux vacances comme vous savez; le précepteur sur lequel je ne comptais que pour cette époque, arrive plus tôt, et je ne puis me décider à me séparer encore une fois de l'enfant quand je peux la reprendre maintenant. Mais le précepteur ne rendra pas inutiles les soins de M. Bascans. Je vous expliquerai cela, et en attendant que nous partions, dans une quinzaine, je prie M. Bascans de venir lui donner leçon deux fois par semaine chez moi. Qu'il veuille donc bien donner de l'ouvrage à Solange et prendre jour avec elle, ou plutôt qu'il m'écrive cela, afin de n'avoir pas à lui expliquer son départ, s'il ne lui en a pas encore parlé.

Je m'occupe de vous avoir deux pensionnaires; je ne sais pas si je réussirai, et je voudrais vous parler de cela. Si vous ou M. Bascans pouviez me venir voir demain de 4 à 6, cela me ferait bien plaisir, car je doute que je puisse sortir ce jour-là.

A vous de cœur.

GEORGE SAND.

A Madame Bascans.

Chère Madame, les mêmes raisons qui me font désirer que Solange ne joue pas devant quelques personnes réunies, me font penser qu'elle sera encore mieux auprès de moi qu'à cette petite réunion où elle n'est plus nécessaire, et où son absence ne peut laisser aucun vide. J'ai peu de temps à passer à Paris, et je voudrais bien mettre à profit les heures où elle n'est pas retenue auprès de vous par le travail. Si cela ne vous contrarie pas, envoyez-la moi donc mercredi matin.

A vous de cœur, et mille choses affectueuses à M. Bascans.

GEORGE SAND.

A Madame Bascans.

Chère Madame, Solange est malade. Elle a eu la fièvre cette nuit, un gros mal de tête, et ce matin la gorge prise à ne pouvoir parler. Je sais bien que ce ne sera rien, mais elle a besoin de repos et de sommeil aujourd'hui et demain probablement.

Toute à vous.

GEORGE SAND.

A Madame Bascans.

Chère Madame, voulez-vous permettre à Maurice d'emmener sa sœur jusqu'à vendredi soir ou

7

samedi matin ? Je pars dimanche et ne veux pas
qu'elle me voie faire mes derniers apprêts de départ, le crève-cœur serait trop direct. Je vous la
reconduirai ou je vous irai voir samedi pour vous
faire mes adieux.

A vous de cœur.

GEORGE SAND.

A Madame Bascans.

Chère Madame, Solange a fait un mensonge ce
matin pour rester à la maison. Je la vois très bien
portante, et vous l'envoie. Je crois qu'elle n'a pas
fait son devoir. Je vous prie de la garder ce soir
pour lui apprendre à vivre. Je vous demanderai
de ne pas lui donner de devoirs dans des livres
qu'elle n'a pas, avant que j'aie eu le temps de me
les procurer. Je ne puis les avoir du soir au matin
comme elle me les demande, et elle en prend
sujet de ne pas faire sa tâche. Ecrivez-moi un mot
quand vous voudrez que je lui procure un ouvrage. Elle l'aura, non pour la leçon suivante,
mais pour celle d'après.

Mille compliments dévoués.

GEORGE SAND.

La lettre suivante est de l'année qui a suivi
celle où Solange fit sa première communion.
Mme Sand y développe, avec une insistance

plus vive encore, que dans une autre lettre du même genre, que nous avons citée plus haut, ses idées et ses opinions en matière religieuse :

A Monsieur Bascans.

Mon cher monsieur Bascans, nous voici dans la semaine Sainte. L'année dernière, je n'ai pas été fâchée que Solange vit le spectacle du culte catholique ; mais maintenant que la pièce est jouée pour elle, je ne vois pas de nécessité, et je trouverais même beaucoup d'inconvénients, à ce qu'elle en suivit davantage les représentations. Il ne me convient pas qu'elle s'habitue à l'hypocrisie des génuflexions et des signes de croix, ni à l'adoration de l'idole sous laquelle on déshonore la sainte figure du Christ.

Solange est bien plus sceptique que je ne le voudrais. Je crois donc que la vue de toutes ces cérémonies, dont le sens primitif est perdu, et qu'aucun prêtre orthodoxe de nos jours ne saurait lui expliquer dignement, est d'un mauvais effet sur elle. Je craindrais que cette vue ne détruisît à jamais en elle le germe d'enthousiasme que j'ai tâché d'y mettre pour la mission et la parole de Jésus, si singulièrement expliquée dans les églises. Je vous prie donc de la tenir à la maison pendant toutes ces dévotions. Je ne veux pas qu'on lui mette de la cendre au front, ni qu'on lui fasse baiser des images. Je ne l'ai pas élevée pour l'idolâtrie, et si elle est destinée un jour à faire quelque emploi de son intelligence, ce sera probablement pour travailler, selon la mesure de ses forces, à la destruction de l'idolâtrie. Vous m'obligerez même beaucoup, désormais, de lui supprimer entièrement la messe comme un temps fort mal employé, puisqu'elle n'y songe qu'à railler la dévotion d'autrui.

Cependant, s'il entrait dans vos vues, comme je vous l'avais demandé l'année dernière, de lui expliquer la philosophie du Christ, de l'attendrir au récit de ce beau poème de la vie et de la mort de l'homme divin, de lui présenter l'Evangile comme la doctrine de l'égalité, enfin de commenter avec elle ces évangiles si scandaleusement altérés dans les traductions catholiques, et si admirablement réhabilités dans le *Livre de l'humanité* de Pierre Leroux, ce serait là pour elle la véritable instruction religieuse dont je désirerais qu'elle profitât durant la Semaine Sainte, et tous les jours de sa vie. Mais cette instruction ne peut lui venir que de vous, non des « comédiens sacrés », *iunctos samionès*, comme disaient les Hussites...

Tout à vous de cœur. GEORGE SAND.

Solange Sand quitta le pensionnat de
Mme Bascans avant d'y avoir complètement
achevé son éducation (1). Mme Sand la reprit
d'abord chez elle, puis la maria au sculpteur
Auguste Clésinger. Il avait quatorze ans de
plus qu'elle; c'était un artiste de grand talent
mais il était dissipateur, brutal, grossier de
gestes et de langage, et d'existence par trop
bohême; en somme bien peu fait pour le
mariage (2).

Et, cependant — c'est Mme Sand qui l'écrit
— ce fut un mariage d'inclination :

Notre enragé sculpteur est ici. L'idylle fleurit
à la Châtre; la « grande princesse » s'est huma-
nisée jusqu'à dire *oui*. Vous aviez été plus clair-

(1) C'est alors que Mme Sand écrivit son joli roman *le
Meunier d'Angibault* qu'elle dédia à sa fille avec cette épi-
graphe :

A Solange ***.
« Mon enfant, cherchons ensemble ».

(2) Arsène Houssaye, qui l'a beaucoup connu, nous donne
en trois lignes, au troisième volume de ses intéressantes
Confessions, page 241, le portrait suivant de Clésinger :
« ..... Un Monsieur bruyant et désordonné, un ci-devant
cuirassier devenu un grand sculpteur, se conduisant partout
comme au café du régiment et à l'atelier. »

voyant que moi, elle avait ce *oui* dans le cœur depuis longtemps et ne voulait pas le dire si tôt, voilà tout. Ils paraissaient enchantés tous les deux; je le suis aussi par conséquent.

Et dans une lettre, encore inédite, adressée à la princesse Galitzin (1), elle parle, comme suit, de son futur gendre.

Clésinger fera la gloire de sa femme et la mienne; il gravera ses titres sur du marbre et sur du bronze, et cela dure autant que les plus vieux parchemins. Qui le sait mieux que vous, qui avez toujours mis le cœur et l'esprit avant tout? Nous ne comprenons rien aux idées de sang et de naissance; nous n'y croyons pas. Nous voyons le génie descendre du ciel où il plaît à Dieu de le départir, et nous ne trouvons à aucune page de l'Evangile le précepte des distinctions sociales, tout au contraire !

J'ai sous les yeux les deux lettres de faire part de ce mariage (2), qui fut, à tous les

---

(1) Mme Sand a entretenu, pendant de longues années, une correspondance suivie avec la famille princière Galitzin. Cette importante correspondance est toujours demeurée inédite.

(2) L'adresse de l'exemplaire de ce faire part, ici reproduit, et que je possède, est de la main même de Mme Sand.

points de vue, disproportionné. Je les cite pour la bizarrerie de leur rédaction :

Mansieur et Madame Bascans,
    rue de Chaillot, 70, Paris.

        M

Madame George Sand a l'honneur de vous faire part du mariage de Mademoiselle Solange Sand, sa fille, avec Monsieur Clésinger.

            Nohant, 20 mai 1847.

        M

Monsieur Clésinger a l'honneur de vous faire part de son mariage avec Mademoiselle Solange Sand.

            Nohant, 20 mai 1847.

Ainsi bien que le mari de Mme Sand fût encore vivant — il n'est mort qu'en 1873 — non seulement son nom ne figurait pas sur la lettre de faire part, comme père de son enfant, mais encore sa fille n'y était pas désignée sous son nom véritable et légal, mais seulement sous le pseudonyme littéraire que sa mère avait illustré.

Clésinger ne semble pas avoir protesté contre cet étrange manquement aux conve-

nances ; M. Dudevant lui-même, bien qu'il
eût dédaigneusement, dès le premier jour,
qualifié son futur gendre de simple « tailleur
de pierres », ne paraît pas avoir été autrement froissé du procédé, puisqu'il accepta
de venir en personne aux cérémonies et aux
fêtes du mariage à Nohant, où Mme Sand et
lui se traitèrent même avec une affectueuse
familiarité. Ces deux « séparés » se donnèrent
mutuellement leurs petits noms. Mme Sand
disait « Casimir » à son mari, et ce dernier
l'appelait tendrement « Aurore », spectacle
attendrissant d'un rapprochement imprévu —
mais qui ne devait durer qu'un jour.

Cependant, ce mariage, bien que contracté
avec le bon vouloir et l'affection apparente
ou sincère des deux époux, ne devait pas être
longtemps heureux. C'est d'abord Mme Sand
qui, pour des questions d'intérêt, se sépara
de son gendre, et se brouilla finalement avec
lui. Sa fille subit le contre-coup de cette
situation, et elle s'en explique, avec une douloureuse émotion, dans la lettre qui suit :

A *Madame Bascans.*

Chère Madame,

Vous auriez dû recevoir une lettre de moi datée
de La Châtre, mais nous sommes partis si vite
que je n'ai pas encore eu un instant à moi : voici
le premier moment que j'ai de libre.

Je ne saurais trop vous remercier, excellente
et chère madame, d'avoir écrit à ma mère. J'ai
compris de suite qu'elle avait reçu votre lettre,
car elle m'a fait demander chez Mme Duvernet.
Ce début m'avait remplie de joie et de confiance.
Malheureusement l'entrevue n'a pas été telle
que je la souhaitais et que je l'espérais. J'ai
trouvé ma mère très changée, pâle et maigrie, et
j'ai bien vu tout de suite, à son humeur, que je
n'avais rien à attendre d'elle. Elle ne m'a parlé
que d'affaires d'argent, comme si c'était la conversation qui aurait dû avoir lieu entre nous ce
jour-là. Vous penserez sans doute que mon mari
aurait pu m'accompagner, mais avant que je lui
aie parlé de lui, elle m'a signifié qu'elle ne voulait pas le voir, que c'était chose inutile à lui
demander.

Le lendemain, j'ai été lui dire adieu; elle ne
m'a encore parlé que d'affaires, et m'a laissée par-

tir sans un mot de tendresse. J'ai quitté La Châtre
plus triste et plus peinée que si je n'avais pas vu
ma mère. J'aimerais mieux la croire irritée, que
de la voir pour moi si calme, si froide et si indiffé-
rente. Et cependant ce serait pour mon cœur
une bien grande consolation que de recevoir
directement de ses nouvelles !

Il y a des personnes qui disent m'aimer beaucoup et qui ont sur ma mère l'influence que donne
une longue intimité. Et pourtant, pas une de
celles-là ne m'a offert de lui écrire pour tenter de
la rapprocher de moi. Dans ce monde, on croit
beaucoup aux gens qui parlent bien, qui vous
plaignent, et vous consolent avec de belles phra-
ses. Dans les moments difficiles, on est tout étonné
de se voir abandonné par ceux-là mêmes qui
vous avaient fait les plus chaudes protestations.

D'ailleurs, ma mère, après que je l'ai eu quittée,
avait montré tout de suite le peu de cas qu'elle
faisait de mon souvenir. Quand je suis revenue
chez elle, quelque temps après mon mariage, ma
chambre de jeune fille où j'avais laissé mon lit,
mes meubles, et beaucoup d'objets particuliers
et intimes, avait déjà changé de destination. Au
lieu du lit et des meubles, j'ai trouvé un théâtre,
des décors et des costumes. On avait probablement pris cette pièce parce qu'elle est grande et
commode. Mais vous ne sauriez croire, chère

madame, combien ce fait insignifiant m'a serré le cœur au premier moment. Me voici maintenant chez mon père; il se montre très bon pour moi, plus même que je ne m'y attendais; car sous le rapport de la tendresse, il ne m'a pas encore beaucoup gâtée. Il est vrai qu'il ne me connaissait pas du tout. Il paraît enchanté de m'avoir près de lui; enfin il se montre « père » aussi bien et autant qu'il peut le faire. Mais j'ai vécu trop longtemps loin de lui, sans qu'il m'ait suffisamment connue enfant, pour qu'il ait gardé pour moi dans son cœur la même impression affectueuse que j'y aurais pu laisser, s'il m'avait vue grandir auprès de lui. Ainsi placée entre l'indifférence de ma mère et la froide correction de mon père, il n'y a pas pour eux, dans mon affection, la grande place qu'ils devraient y occuper tous les deux.

Quant à vous, chère madame, je voudrais avoir l'occasion de vous prouver combien je vous aime, et combien je vous suis reconnaissante de ce que vous faites pour moi depuis si longtemps. Je pense aller vous le répéter bientôt de vive voix. En attendant, dites bien à M. Bascans que j'espère qu'il se porte bien et que je voudrais pouvoir lui envoyer le beau temps et le soleil si chaud qu'il fait à Guillery. Je crains bien que ce soit là le seul bon souvenir que je rapporterai de cette visite que le devoir m'imposait, et que cependant je ne regrette pas d'avoir faite...

Solange Clésinger.

Toutefois, moins d'un an après le mariage, au lendemain même de la révolution de février, une petite fille vint au monde. Clésinger et sa femme annoncent ce grand événement à Mme Bascans, sur la même lettre; les deux premières pages sont écrites à l'encre par Clésinger, la troisième page l'est au crayon par Solange, encore dans son lit. Et voyez en quels termes absolument tendres Clésinger parle alors de sa « tant aimée » Solange :

A Madame Bascans.

Guillery, 29 février 1848.

Bien chère Madame,

Je m'empresse de vous donner des nouvelles de ma tant aimée Solange; à mon arrivée, elle allait vous écrire, lorsque hier, dans la nuit, les premières douleurs de l'enfantement l'ont surprise. Enfin, à 5 heures moins un quart de l'après-midi, j'étais père d'une ravissante petite fille, toute l'image de sa mère. Ma tant aimée Solange se porte à merveille ; elle a eu bien du courage, car elle a souffert douze heures horriblement. Elle me charge de vous faire part de ses compliments et de ses affections les plus intimes et de vous prier de penser quelquefois à elle.

Que de choses, je vous prie, chère madame, de dire à M. Bascans ; combien je regrette de ne pas m'être trouvé à Paris pour les événements si heureux qui viennent de se passer (1) ; j'aurais pu être utile, mais le devoir m'appelait ici ; maintenant que ma chère Solange va bien, je vais retourner à Paris, veiller à la destinée de cette chère enfant qui vient de naître républicaine, veiller aux droits de tous et aux miens, enfin me conduire en vrai citoyen.

Adieu, madame Bascans ; aussitôt mon arrivée j'irai vous voir, et dire une infinité de choses à M. Bascans.

Agréez, Madame, l'assurance de toute ma considération.

Votre très humble serviteur.

A. Clésinger.

Faites part, je vous prie, à M. Chopin et à Mᶩˡᵉ de Rosière, de l'heureux événement qui remplit ma chère femme d'une joie bien douce, au milieu des chagrins de la vie.

(1) La Révolution de février 1848.

A Madame Bascans.

29 février.

Chère Madame,

J'allais vous répondre pour vous remercier de votre excellente lettre, lorsque j'ai été interrompue par de terribles souffrances; mais j'en ai été bien récompensée par la venue de la plus jolie petite fille qu'on puisse voir. Elle va parfaitement et moi aussi. Cependant, malgré toute ma vaillance, je n'ai guère que la force de vous embrasser, et de vous prier de ne pas m'oublier auprès de M. Bascans.

SOLANGE CLÉSINGER.

Mais hélas! quelques jours après l'envoi de cette lettre, si remplie de l'expression du bonheur le plus légitime et le plus doux, le pauvre petit nouveau-né expirait. Solange était encore chez son père, où elle avait fait ses couches, et son mari était reparti pour Paris. Elle écrit alors à Mme Bascans la lettre désolée que voici :

A Madame Bascans.

Guillery, le 7 mars 1848.

Quand le malheur s'acharne après quelqu'un,

il le poursuit jusqu'à la dernière extrémité. Je croyais avoir beaucoup souffert. En me voyant mère d'une jolie petite fille, je croyais mon temps d'épreuves fini. J'étais si heureuse, il y a huit jours, entre mon mari et mon enfant! Aujourd'hui, mon mari est à Paris, et l'on enterre ce soir ma pauvre petite fille. Ainsi, je n'ai senti la douceur d'être mère que pour connaître la plus amère et la plus cruelle de toutes les douleurs! J'ai entendu ses plaintes d'agonie et je n'ai pu la sauver! Ah! madame, il n'est pas de torture plus affreuse que celle-là. Ma fille était venue six semaines trop tôt; les soucis et les chagrins avaient trop hâté sa naissance. Cependant elle était si jolie, si bien constituée, que j'espérais la sauver. Mon mari, pressé par les affaires, m'a quittée au moment où elle donnait le plus d'espoir. Le lendemain, elle mourait dans mes bras, car on n'a pu me l'enlever qu'au dernier moment.

Et c'est moi qui ait fait partir Clésinger! Il le fallait, il allait sauver l'honneur. Me voilà seule, toute seule, étendue sur mon lit de douleur. Ma mère est à Nohant, qui marie sa fille adoptive. Mon père est bien peiné aussi, il me donne toutes les consolations qu'il peut; mais je n'ai pas été élevée par lui, et il n'existe pas entre nous cette sympathie de cœur qui fait tant de bien dans les moments de grande douleur. Ma petite Luce est un ange de dévouement et d'affection. Elle a voulu absolument écrire à ma mère pour l'engager à venir près de moi. Prière inutile qui m'occasionnera un nouveau chagrin quand je saurai qu'elle a été vaine.

Je viens d'écrire à mon mari pour qu'il reste à Paris. Il m'a fallu un courage au-dessus de mes forces. J'appelle à mon aide tout ce que j'ai de raison, et je prie Dieu de mettre un terme à mes malheurs. Mais mon esprit se ressent trop de ma faiblesse physique; j'ai peur que mes forces ne m'abandonnent.

J'apprends hier soir que mon hôtel de Narbonne (1) a été saisi par les créanciers de ma mère. Mais que m'importent les affaires d'argent, quand j'ai perdu ma petite fille! Venez à mon aide, chère Madame, écrivez-moi, vous si sage et si bonne, donnez-moi la force de supporter tant d'épreuves. Mon pauvre mari a bien besoin, lui aussi, de consolations; je suis à peine capable de lui en donner.

Ne m'oubliez pas, chère Madame, j'ai tant besoin d'une parole d'amitié et de consolation.

Je vous embrasse comme je vous aime.

SOLANGE CLÈSINGER.

(1) Situé quai Henri IV à Paris. Il a depuis été transformé en maison de rapport.

Mme Bascans lui répond aussitôt en l'invitant
à venir chercher des consolations auprès
d'elle. Et constatons, à ce propos, que cette
femme d'élite, cette maîtresse de pension,
qui avait vu passer dans sa grande maison
tant d'enfants et tant de familles, avait conservé avec toutes les plus affectueuses et
même les plus tendres relations. Elle conti-
nuait à suivre dans la vie ses anciennes élèves,
les aidant à se marier, à s'établir; beaucoup
même, parmi elles, n'ont pas eu seulement, à
certains moments critiques de leur existence,
recours à son expérience et à ses conseils,
mais aussi à sa bourse.

A l'invitation de cette véritable seconde
mère, plus mère, à coup sûr, dans le sens
étroit du mot, et dans cette circonstance,
que la mère véritable, Solange répond à son
tour par la lettre suivante :

A Madame Bascans.

Guillery, vendredi 17.

Que vous êtes bonne, excellente et chère
Madame; comment voulez-vous que je n'accepte

9

pas avec reconnaissance? Vous m'offrez d'aller
près de vous, de vous voir tous les jours, et vous
pensez que j'hésiterai un instant. Oh non ! je vais
partir aussitôt que ma santé le permettra. C'est
ma santé, et non mon médecin que je consulte.
Dans les grandes occasions, j'aime toujours mieux
m'en rapporter à moi. D'ailleurs, je suis dans une
position toute exceptionnelle : je me porte parfaitement malgré tous mes chagrins ; je me lève
et me promène depuis douze jours ; enfin j'espère,
dans une semaine, être près de vous et revoir
Clésinger.

Je suis tout heureuse qu'il me rappelle enfin de
mon exil; je l'ai supporté très patiemment, mais
je commence à être dévorée d'ennuis et d'inquiétudes. Étre à 200 lieues l'un de l'autre, quand on
s'aime comme nous nous aimons, c'est terrible.
Je n'aurais pas accepté une aussi rude épreuve si
j'avais su ce qui en était. Mais tout est oublié, je
vais le revoir, et je ne pense plus qu'à l'instant de
notre réunion. Le bonheur de retrouver mon
mari et une amie telle que vous, va succéder à
mon exil et à ma solitude de Guillery. Vraiment,
je crois que je vais être encore heureuse, il y a
bien longtemps que cela ne m'était arrivé. J'ai
presque oublié ce qu'on éprouve quand on est
heureux. Rousseau ne dit-il pas qu'on est heureux quand on croit l'être? Il y a longtemps que

j'ai perdu cette douce croyance, mais je ne désespère pas de la retrouver bientôt.

Clésinger m'a dit son succès de l'Hôtel de Ville. Tout cela ne m'enthousiasme pas autant que lui, car cela ne prouve pas grand'chose. Malheureusement le peuple de France est très inconstant, de plus il est fort peu artiste; le peuple de Paris l'est encore moins. Et puis, il y a une « vile » mais triste vérité à dire : mieux vaudrait à Clésinger, en ce moment, une bourse bien garnie dans la poche qu'une couronne de lauriers sur la tête. Moins de gloire et plus d'argent ! C'est désagréable et vilain à dire, mais c'est malheureusement vrai.

J'ai reçu deux lettres de ma mère, l'une de félicitations, l'autre de condoléance. Je savais bien qu'elle se bornerait à écrire. Cependant ses lettres sont « assez » affectueuses; elle m'engage à aller à Paris où elle va retourner, et elle me dit qu'elle pourra être utile à mon mari.

Mon amitié sincère et reconnaissante à M. Bascans. Dites-lui que j'ai reçu des leçons d'un maître moins indulgent que lui, quoiqu'il ne le fût pas beaucoup, car « malheur » est dur et impitoyable !

Embrassez pour moi vos deux enfants: donnez-leur de ma part le baiser d'une pauvre mère qui a perdu sa fille. Que vous êtes heureuse de les avoir gardées et de les voir grandir sous vos yeux.

Elles aussi sont bien heureuses de vous avoir
auprès d'elles; et ce bonheur elles ne le comprennent pas encore.

A vous, bien chère Madame, toute ma reconnaissance et tout mon dévouement.

Solange Clésinger.

L'année suivante, Solange est de nouveau
enceinte, et à l'occasion de la naissance d'un
second enfant, elle écrit à Mme Bascans deux
lettres également intéressantes.

A Madame Bascans.

28 janvier 1849.

Il y a bien longtemps, chère Madame, que je
veux vous écrire, et je vous assure que la paresse
que vous me connaissez n'est pas le véritable
motif de mon silence. La seule cause, c'est que
j'ai été horriblement tourmentée et ennuyée tous
ces temps-ci. J'avais à me plaindre de tout le
monde et de toutes choses, et j'en avais la tête
tellement hébétée qu'il m'aurait été impossible
de ne pas en parler. J'ai mieux aimé faire comme
les chiens et les paysans qui sont honteux et se
cachent quand ils sont malades.

Il ne faut rien moins que le départ de mon
mari pour me décider à venir vous ennuyer, et

non seulement vous ennuyer mais encore à vous
faire une demande. C'est une véritable grâce que
je vous prie de m'accorder. Je ne vous ferai pas
l'énumération de tous mes chagrins pour vous
décider; je veux tenir cette faveur uniquement
de votre affection. Dans tout cela je suis si mala-
droite et si gauche que je ne vous dis pas où j'en
veux venir.

> Par où commencerai-je, et comment à ma bouche
> Prêterais-je un discours qui vous plaise et vous touche?

Le plus simple, je crois, est de vous poser
brusquement la question. Voulez-vous servir de
marraine à un enfant, qui verra le jour dans
quelques mois, et qui vivra, je l'espère? Vous ne
sauriez croire la peine que vous me feriez en me
refusant, et je vous assure que je n'ai pas besoin
d'un chagrin de plus. J'ai en vous une confiance
sans bornes, et si malheureusement je venais à
manquer à mon enfant, je mourrais au moins
tranquille en vous sachant là pour veiller sur
elle et conduire ses premières années. N'est-ce
pas, chère madame, que vous acceptez?

J'ai vu que M. Bascans avait été malade, mais
que depuis il allait mieux; j'espère que mainte-
tenant il se porte tout à fait bien. J'embrasse ici
Zizette et Emma, mais je renonce à vous dire, sur
ce morceau de papier, tout ce que j'ai pour vous
d'affection et de reconnaissance. Mon mari vous

dira, de ma part, tout ce que le cœur voudrait dire et que la plume ne pourra jamais rendre.

SOLANGE.

Mme Bascans ayant répondu qu'elle acceptait d'être la marraine de l'enfant encore à naître, Solange lui adresse la lettre de remerciements suivante, où l'on trouve de bien curieux détails sur les relations qui existaient à cette époque entre elle et ses parents :

A Madame Bascans.

Guillery, le 28 mars 1849.

Chère Madame,

Je me sens si coupable et j'ai tellement honte de ma paresse que je n'ose plus me présenter devant vous. Hier, en relisant votre bonne lettre, et en regardant sa date — 2 février — j'ai été effrayée de la rapidité avec laquelle le temps s'envole. Voici déjà deux mois que tous les matins je veux vous écrire, pour vous remercier, et que je ne l'ai pas encore fait. C'est vraiment une honte que cette apathie; c'est plus que de la paresse, c'est de la maladie, c'est de la léthargie ! Je m'ennuie tellement que j'en tombe dans l'abrutissement et l'imbécilité. Mon mari vient

encore d'être obligé de me quitter, ce qui est pour
moi un surcroît de déplaisir. Si j'avais le talent de
George Sand je pourrais commencer toutes mes
lettres comme J.-J. Rousseau : « Malheureux
humains que nous sommes ! » Mais je ne suis pas
George Sand, il y aurait une horrible affecta-
tion de ma part à vouloir singer Jean-Jacques. Et
puis à quoi bon toujours se plaindre ? Cela devient d'une monotonie insupportable. Tout cela
pour vous dire que ma paresse est indépendante
de ma volonté et que je ne suis pas aussi coupable
que j'en ai l'air.

Maintenant laissez-moi vous remercier, pour
moi d'abord, et ensuite pour votre futur filleul,
en attendant qu'il puisse le faire lui-même. Laissez-
moi vous dire aussi combien votre lettre m'a fait
de plaisir et de bien. Soyez bien persuadée que je
sens tout le prix d'une amitié comme la vôtre, et
que, si je ne sais pas vous exprimer suffisamment
ma reconnaissance, je sais au moins vous aimer
comme vous méritez de l'être. J'ai en vous la confiance qu'une fille a pour sa mère, et que je ne
puis malheureusement avoir pour la mienne. Je
vous parle de George Sand, parce que j'apprends
souvent des détails sur Mme Sand. Mais quant à ma
mère, c'est absolument comme si je n'en avais
pas. Son attention pour moi se manifeste toujours
d'une façon si peu agréable, que j'en suis à sou-

haiter qu'elle ne s'occupe pas de moi. Je n'ai pas
de père non plus, car le mien a une affection si
singulière et si égoïste qu'elle est absolument
nulle. Il m'aime pour que je lui tienne compa-
gnie, attendu que, ne sachant rien faire, il s'ennuie
tout seul. Il me fait faire de bons dîners pour que
je m'attache à sa maison, comme le ferait un chien
qui hante le logis où il est bien nourri. Mais,
quant à attendre de lui le plus petit sacrifice ou le
moindre service, c'est complètement inutile. Il ne
vit que pour lui et n'aime absolument que lui. Il
y a un tas de détails insignifiants par eux-mêmes,
mais qui, je vous assure, me font beaucoup de
peine, parce qu'ils dénotent pire encore que le
manque d'affection.

Mon mari ira vous voir, et il vous dira probablement que, tout en ayant beaucoup de projets
en l'air, nous n'en avons aucun d'arrêté. Nous
sommes pris par les pattes comme des oiseaux au
lacet. Ne pouvant parvenir à avoir la permission
d'entrer en Russie, mon mari voudrait essayer
de l'Angleterre, car Paris est mort pour les sculpteurs. Moi, j'attendrais patiemment ici jusqu'à ce
que je puisse le rejoindre.

Vous m'avez dit, dans votre lettre, de vous
écrire à tort à travers tout ce qui me passerait par
la tête. Il me semble que je m'en acquitte assez bien,
et que j'abuse même un peu de la permission.

Mais je n'ai guère de suites dans les idées, comment pourrais-je en avoir dans mes lettres ? Il y a cependant une chose bien fixe dans ma pensée et solide dans mon cœur, c'est que je vous aime, et vous embrasse tout autant que je vous aime. Ne m'oubliez pas, je vous prie, auprès de M. Bascans et embrassez pour moi Emilie et Emma.

SOLANGE CLÉSINGER.

Voici, maintenant, en quels termes elle annonce à Mme Bascans la naissance de ce second enfant lequel ne devait, hélas ! vivre que quelques années de plus que le premier :

A Madame Bascans,
70, rue de Chaillot, Paris.

Guillery, le lundi 14 mai 1849.

Chère Madame,

Votre filleul s'est converti en une grosse fille d'une dimension énorme. Elle se porte à merveille, et, si elle ne vit pas, je ne sais pas quel enfant pourra vivre. Elle portera les noms de ses parents : Jeanne à cause de son père et de son parrain, Gabrielle à cause de moi et de ma belle-mère, et Béatrice à cause de vous, Mlle de Rosière m'ayant dit que vous aviez une prédilection pour ce prénom. C'est mon père qui est le parrain.

10

J'aurais désiré vous avertir plus tôt, mais j'étais si fatiguée, si rompue que toute ma bonne volonté m'a été inutile. J'espère que M. Bascans se porte mieux par ce beau temps, et que la campagne réussit toujours à votre chère Emilie. Je vous embrasse, comme je vous aime, très chère Madame, et je voudrais être près de vous pour vous raconter toute ma joie et tout mon bonheur.

A vous du fond du cœur.

SOLANGE.

Cependant Mme Clésinger est toujours à Guillery, chez son père ; — toutes ses lettres de cette époque, datées de Guillery, portent le timbre du bureau de poste de Lavardac, — mais Clésinger est resté à Paris où ses affaires le retiennent. D'ailleurs la vie commune dans la capitale leur serait difficultueuse à tous deux ; Clésinger gagne peu d'argent et le dissipe aussitôt ; Solange trouve chez son père le vivre et le coucher, et c'est chez lui qu'elle passe en somme la majeure partie de son temps de mariage.

C'est pendant l'un de ses séjours à Paris que Clésinger adressa à M. et à Mme Bascans

les deux lettres suivantes, qui sont encore
toutes remplies — bien qu'elles soient écrites
à la veille de la rupture définitive, — de ses
protestations d'amour pour sa « tant aimée
Solange » :

A Monsieur Bascans.

Mercredi

Monsieur Bascans,

Vous devez m'accuser d'une bien grande paresse
et d'un manque de savoir-vivre unique. Mais non,
ni l'un, ni l'autre. A peine suis-je à Paris que les
travaux et les affaires prennent tout mon temps.
Voilà dix jours que je suis revenu, et je n'ai pu
voir personne, pas même le cher Chopin. Enfin
voilà mon exposition finie. J'ai travaillé tous les
jours et toutes les nuits afin d'arriver. Je vous
écris ces deux mots pour savoir à quelle heure et
quel jour je pourrai aller vous trouver, car j'ai
bien des choses à vous dire de la part de ma
bien-aimée Solange. J'irai ce soir ou demain soir,
sur les 5 heures. C'est si loin et je suis si pressé.

Agréez, Monsieur Bascans, l'assurance de ma
haute considération, et veuillez présenter mes
hommages à Mme Bascans et à Mlle de Rosière.

A. CLÉSINGER.

A Madame Bascans.

Jeudi.

C'est avec bien de la peine que je suis obligé de quitter Paris sans avoir pu aller, même une minute, vous voir. Ma vie, pendant ces seize jours, a été bien affreuse ; inquiet de la santé de ma tant aimée Solange, aux prises avec l'horreur d'un avenir incertain, et d'un travail opiniâtre, j'ai bien souffert. Mais enfin, comme vous me le faites espérer dans votre bonne lettre, je réussirai. Tous mes marbres sont partis hier pour l'Exposition ; j'espère un succès plus grand que l'année dernière ; il sera plus mérité, j'ai tant travaillé !...

Une bonne lettre de ma bien-aimée m'est arrivée ce matin ; elle va un peu mieux et m'attend avec la plus vive impatience. Moi, je pars demain tout fiévreux et tout malade ; mais j'ai foi et espérance en mon étoile qui ne m'a jamais manqué !

Je regrette de ne pouvoir aller même demain à Chaillot, j'ai tant à faire ; il faut que je règle les ouvriers fin du mois, tous mes comptes ennuyeux, et que cependant on ne peut éviter.

Agréez, Madame, l'assurance de tout mon dévouement, et croyez à toute ma reconnaissance. Bien des choses à M. Bascans ainsi qu'à Mlle de Rosière, et à M. Chopin.

Votre très humble serviteur.

A. Clésinger.

Maintenant, — et pour plusieurs années
— la correspondance de Mme Clésinger, ou
à propos d'elle, cesse avec Mme Bascans.
Les difficultés, nées surtout du manque de
ressources du ménage, et de la vie plus que
débraillée de Clésinger, s'accentuent de
plus en plus ; les deux époux vivent, le plus
souvent séparés : Clésinger court de son
côté, dissipant le peu qu'il gagne, au milieu
de sociétés de hasard ; sa femme, qu'un mari
de vie honorable et digne aurait certainement toujours retenue dans le devoir, ne
tarde pas à entrer elle-même dans une voie
contraire. La rupture entre eux devient bientôt complète ; Solange le proclame elle-
même, et comme sa mère cherche à lui faire
à ce sujet des représentations, cependant si
peu en rapport avec ses propres exemples,
ou avec la morale de certains de ses livres,
elle se sépare également d'elle, et cela définitivement.

Le bruit se répand alors d'une liaison de
Mme Clésinger avec le neveu d'un célèbre
poëte italien. Clésinger en surprend bientôt

le secret. Un soir, il pénètre violemment dans la chambre de sa femme; une scène épouvantable a lieu, au cours de laquelle le mari, justement irrité, saisit toute une correspondance accusatrice, et la livre à son avocat en vue d'une instance à suivre :

A Monsieur X.....
Avocat à Paris.

4 mai 1854.

Monsieur,

Je vous envoie une liasse de lettres de M....., que j'ai trouvées hier soir chez Mme Solange Clésinger.

A. CLÉSINGER.

Que faut-il faire? J'ai eu le courage de ne pas la tuer.

Clésinger adressait, quelques jours après, à ce même avocat un billet où il est cette fois question de sa fille dont le sort va devenir désormais bien incertain et surtout bien ballotté :

Monsieur et cher conseil,

Je vous ai dit à la hâte ce qui m'est arrivé. Je

vous prie de faire immédiatement tout ce qui est convenu entre nous. Le plus pressé pour moi est de pourvoir au sort de ma fille; j'y vais, et je reviens.

Votre tout dévoué,

A. CLÉSINGER.

2, rue Moncey, à Besançon.

En effet, la pauvre petite fille de Clésinger passe alors un peu de mains en mains, souvent sans que chacun sache bien exactement où elle se trouve; confiée tantôt à Mme Bascans, sa marraine, tantôt à sa grand'mère, reprise ensuite par son père, puis finalement placée par lui dans un pensionnat qui ne fut, malheureusement pas pour l'enfant, celui où avait été élevée sa mère.

Voici diverses lettres de Mme Sand, qui ont trait à toutes ces difficultés :

A Monsieur Bascans.

8 mai 1854.

Cher Monsieur Bascans,

Mon gendre est venu hier chercher chez moi sa fille qu'il m'avait confiée lui-même, et pour

des raisons qu'il vous aura exposées, s'il y a eu
lieu, raisons que je n'apprécie pas ici, il m'a dit
vouloir la garder à Paris quelques jours. Je n'ai
pu m'opposer à ce déplacement, dont je ne
voyais pas l'urgence, et la seule chose qui m'ait
rassurée sur les soins dont l'enfant devait être
l'objet, au moral et au physique, c'est qu'il m'a
donné sa parole d'honneur de vous la confier dès
le jour de son arrivée à Paris, c'est-à-dire le 7 mai.
Je viens vous prier de me dire si la chose est certaine, si ma pauvre Nini est près de sa marraine,
Mme Bascans, et si elle est bien portante...

Comme je n'ai pu obtenir de savoir quel serait
l'asile de ma petite fille, à moins de donner ma
parole de ne pas le dire, je suis résolue à tenir
ma parole comme vous pouvez croire. Vous pouvez donc, si une parole semblable vous lie, vous
fier à moi. Je compte sur votre caractère et sur
votre cœur pour ne pas me laisser en proie à de
poignantes inquiétudes.

GEORGE SAND.

Nohant-La-Châtre (Indre).

A Madame Bascans.

13 mai 1854.

Chère Madame,

Soyez assez bonne pour remettre cette lettre à

Solange, et pour la brûler quand elle l'aura lue chez vous.

Merci mille fois pour vos preuves d'amitié, mon triste cœur y est bien sensible. Je n'écrirai plus rien à Solange que d'insignifiant; vous en comprenez la raison. Je vous demande donc, pour cette seule fois encore, d'être l'intermédiaire de ces courtes explications, qui ne sont utiles d'ailleurs qu'à l'acquit de ma conscience; quant à ma petite fille, si on vous la ramène, prenez-là sans hésitation. En ce qui me concerne j'approuve d'avance tout ce que vous ferez. Faites que Solange y mette la même abnégation et la même confiance.

Mille compliments affectueux à M. Bascans, et à vous de cœur.

GEORGE SAND.

Au cas où vous auriez besoin de l'adresse de Clésinger, c'est rue de l'Université 182, qu'il me l'a donnée.

A Madame Bascans.

25 mai 1854.

Merci, chère Madame, pour les nouvelles que vous me transmettez. Je suis toujours sans savoir ce que Clésinger compte faire, mais je crois qu'il me ramènera Nini, puisqu'il ne l'a pas mise à Besançon. Il est fort possible qu'il ne soit pas assez d'accord avec ses parents pour les charger d'en prendre soin.

Je continue à ne pouvoir écrire à Solange par l'intermédiaire qu'elle m'indique, et qui ne me rassure pas. Comment son mari s'est-il emparé de toute sa correspondance? Il se servirait contre elle du moindre sermon maternel, et d'ailleurs Solange n'aime pas les remontrances et ne les écoute pas. Je ne peux cependant pas approuver tant d'imprudences, tant de provocations à l'humeur irascible qui menace de se changer en haine. Entre ces deux écueils il faudrait m'enfermer dans une réserve dont la froideur lui serait plus pénible que mon silence.

Et puis je vous avoue qu'en présence d'une lutte où rien, de part ni d'autre, ne suit la logique naturelle ni en bien, ni en mal, je ne sais comment la conseiller pour ses affaires. J'attends des renseignements que je n'ai pas encore reçus sur les projets d'un procès que Clésinger veut faire à sa femme, si tant est qu'il ait des projets. Je crois que son but principal est d'effrayer, de menacer, et par là de se dispenser de payer une pension. Je ne puis le croire assez ennemi de lui-même pour faire un scandale, qui retomberait sur lui à moitié. Et pourtant si Solange provoque cet acte de folie en courant après sa fille, ou en affichant des relations qu'il incrimine, on ne peut répondre de rien. Rien n'est encore en péril du côté de Nini, et comme il m'a dit qu'au plus tard il me la ramènerait à la fin du mois, comme elle est chez une femme que je ne connais pas, mais que Solange dit être « pleine de cœur et d'esprit » et nullement disposée à la blesser, il me semble que courir après l'enfant, ou aller s'établir auprès d'elle, comme elle prétend en avoir la pensée, est le moyen le plus simple de la faire emmener plus loin et cacher tout à fait. Pour moi, si Clésinger exige, en me rendant sa fille que je la garde, sans permettre à Solange de la voir, il faudra bien que je me refuse de la reprendre dans de telles conditions. Dans ce cas, et dans tous les cas peut-être, pour soustraire cette pauvre enfant à des promenades sans but et sans fin, je tenterai de lui persuader de vous la confier, et c'est alors que Solange ferait sagement, et pour elle et pour Nini, de s'abstenir de la disputer et même de la faire sortir. Le mari n'ayant plus le but ou le prétexte d'exercer son autorité sur l'enfant, puisqu'elle ne lui serait plus contestée, n'aurait plus, pour objet d'une poursuite judiciaire, qu'une soif de vengeance et de scandale. Dans cette situation, il ne lui serait pas aussi facile, qu'il se l'imagine, de trouver des avocats honorables disposés à poursuivre, et des juges prêts à servir son ressentiment.

Dites tout cela à Solange, bonne Madame, puisque vous voulez bien ne pas vous lasser de cette mission toute maternelle. Elle écoutera peut-être vos avis. Quant à moi, je vous aurai un nouveau sujet de gratitude bien vraie. Agréez en l'assurance et présentez aussi tous mes compliments affectueux à M. Bascans.

GEORGE SAND.

A Madame Bascans.

26 mai 1854.

Chère Madame,

On a voulu me tromper en me disant que vous attendiez Nini, et que vous l'acceptiez aux conditions imposées. Je m'en doutais bien, de même que je voyais bien qu'on ne l'emmenait pas de chez moi pour quelques jours, mais bien pour tout à fait. Soyez assez bonne pour faire tout ce qui vous sera possible pour qu'elle vous soit confiée. Pour mon compte, quelque injurieuse que soit la conduite de Clésinger à mon égard en ceci, je ne consulte que le bien de l'enfant, et je m'engage, si elle est dans vos mains, à ne pas l'en faire sortir, même pour un instant.

Je ne puis prendre le même engagement pour

Solange, ni le lui imposer, autrement que par la persuasion, c'est à vous de l'y décider ou de passer outre. Je crois que vous pouvez le faire dans son propre intérêt, qui n'est autre, je le présume, que celui de sa fille, et qu'elle même vous saura gré d'avoir recueilli la pauvre petite à quelque condition de ce genre que ce puisse être. Elle aura, d'ailleurs, son recours en justice si elle veut de nouveau engager la lutte. Je ne crois pas qu'elle doive et puisse le faire, son mari étant en possession de preuves qui lui font perdre à elle le bénéfice du jugement qui lui confiait sa fille, et ces preuves, la seule chose claire dans ce triste débat, sont d'une fatalité sans réplique. Ceci n'implique de ma part aucun anathème; je juge les dangers de la situation, voilà tout. Si je n'ai pas répondu, il y a quelques années, à une lettre de conciliation que vous voulûtes bien m'écrire, c'est que je ne voulais pas articuler de reproches contre elle devant vous.

Je ne sais pas où elle est, je ne puis lui écrire, la police s'emparant de tous ses papiers. Voyez la je vous en conjure. Dites-lui que je ne puis plus me constituer le gardien de l'enfant contre un mari aussi *armé* contre elle, sans attirer sur elle de grands dangers, et que si vous vous engagez à garder Nini, elle aura du moins de bons soins et de bonnes leçons. Je crains qu'il y ait urgence à la prendre chez vous. Je ne suis pas certaine de la raison soutenue des gardiens actuels. Elle peut manquer de linge et de propreté, car on n'a emporté qu'un très petit paquet. Je vous enverrai le reste de ses effets dès que vous pourrez me dire qu'elle est chez vous, En somme, les engagements que vous pourriez prendre avec Clésinger seraient nuls devant une décision judiciaire à intervenir, et je ne vois pour vous aucun inconvénient à les prendre. Solange n'aurait pas bonne grâce, dans les circonstances actuelles, à vous en faire un reproche, car elle aussi doit tout sacrifier au bien-être et à la sécurité de son enfant. Quant à faire prendre à Clésinger l'engagement de ne pas faire sortir non plus Nini, je ne vois aucun moyen d'y arriver, sans soulever de nouvelles tempêtes, et un éclat impossible. Il est bien probable qu'il n'usera guère du droit qu'il se réserve à cet égard.

J'attends avec impatience votre réponse, et des nouvelles de Nini ; on ne m'en donne pas.

Agréez, chère Madame, l'expression de mes sentiments dévoués, et présentez tous mes compliments à M. Bascans.

GEORGE SAND.

A Madame Bascans.

27 mai 1854.

Chère madame, comme il est impossible
d'écrire bien des choses, je vous envoie mon
homme d'affaires, qui est en même temps un
ami sûr, à qui vous pouvez parler comme à moi,
et qui parlera de ma part à Solange chez vous. Je
me hâte de vous embrasser et de vous remercier
encore. Mon plénipotentiaire part, et attend cette
lettre.

GEORGE SAND.

J'ai dit que cette malheureuse petite fille
de Solange et de Clésinger avait été placée
dans un pensionnat. Elle y mourut, peu de
temps après y être entrée, des suites d'une
scarlatine mal soignée.

Alors c'en est bien fini des relations de
Solange avec la directrice de l'Institution où
elle a été élevée. Mme Bascans avait deux
filles encore bien jeunes à l'époque où
Mme Clésinger était en pension avec elles,
mais auxquelles il était inutile de rappeler son
souvenir, en raison de l'existence nouvelle
qu'elle s'était faite. Elle-même le comprit si

bien qu'elle crut devoir garder désormais,
avec la vieille et digne maîtresse de son
enfance, qui fut la marraine de sa seconde
fille, et qui si souvent la conseilla et la con-
sola — un silence éternel...

Elle le rompit cependant une dernière
fois, bien longtemps après, lorsque mourut
M. Bascans. Elle écrivit alors à Mme Bascans la
vraiment belle lettre qui suit (1) :

(1) Cette lettre a déjà été publiée par moi dans la *Gazette
anecdotique*. Mme Clésinger voulut bien me remercier de cette
publication, ainsi que de celle de plusieurs lettres de son
illustre mère que j'avais également faite dans le même
recueil. Elle m'écrivait le 21 février 1881 : « On me dit que
vous avez publié une lettre de moi parmi celles de ma mère;
c'est beaucoup trop d'honneur pour mon indigne prose. Je
ne sais plus rien, j'ai tout perdu de vue, en vivant comme
un loup chagrin au fond d'une vallée quasi sauvage, dont le
seul mérite est d'avoir été trop embellie par la plume magi-
que de George Sand. Je vous remercie de la promesse du
numéro dont on m'a parlé, je ne l'ai pas encore reçu; les
choses ne se font pas comme ailleurs en Berry, mais sont plus
durables à ce qu'on prétend. » J'envoyai alors à Mme Clésinger les numéros de la *Gazette anecdotique* où étaient repro-
duites les lettres. Le 8 mars 1881 elle me faisait l'honneur de
m'écrire de nouveau :

« J'ai reçu depuis plusieurs jours votre envoi, et je vous
remercie de l'heure attendrie que vous m'avez fait passer.
La notice sur Mme Bascans, les lettres de ma mère m'ont

A Madame Bascans.

Paris, 6, rue de l'Isly, 13 janvier 1862.

Ma bien chère Madame Bascans (1),

Je vous plains du fond de mon cœur et je par-
tage votre peine. La tendresse maternelle vous
donnera seule la force de surmonter une si grande
douleur. Le temps — que nos amis évoquent pour

reportée aux lointaines années de ma jeunesse, à ces premiers pas dans une vie s'annonçant si brillante, tant assaillie
pourtant de tous les leurres de ce monde. A l'abri de ces
leurres a été l'affection maternelle de Mme Bascans; je l'aimais
tendrement aussi. Je vous remercie de la bienveillante et
trop flatteuse ligne sur moi. Impossible de le faire plus tôt,
j'étais attelée à un travail d'épreuves pressées, qui ne me
laissait pas un instant, à travers les exigences de la vie
rurale, très compliquée et très assujettissante... » S. Clésinger-Sand. — Voir la Gazette anecdotique du 15 janvier 1881.

(1) Nous avons dit plus haut que M. Bascans était mort le
30 décembre 1861. Mme Bascans lui survécut dix-sept ans;
elle est morte à Neuilly le 23 janvier 1878; elle était née
en 1800. A ses funérailles, auxquelles assistèrent un grand
nombre de ses anciennes élèves, un discours fut prononcé
par le député, depuis sénateur, Hippolyte Maze, ami intime
de son gendre et de sa seconde fille. Ce discours, qui con-
tient sur la vie et la carrière de Mme Bascans d'intéressants
et touchants détails, a été publié avec une notice biographique
et un portrait à l'eau-forte gravé par Ad. Lalauze, en une
plaquette qui fut distribuée par les soins de la famille.

En 1857, Mme Bascans avait, par suite des transformations

nous — sèche les larmes, sans emporter jamais les déchirants regrets d'une éternèlle séparation.

Après vos filles, une pensée doit amortir un peu les poignantes angoisses du désespoir. C'est la conviction du repos et du bien-être d'un monde meilleur. En regardant autour de soi ne voit-on pas les personnes malfaisantes rester longtemps ici-bas pour le perpétuel martyre de ceux qu'elles tourmentent, et les gens de bien, sur qui repose la félicité, le bonheur d'une famille, en être séparés trop tôt? Il faut bien croire que ceux-ci sont les élus de Dieu, et trouver sa consolation à les voir affranchir des duretés de cette vie. Ce ne peut être le hasard, qui les enlève ainsi : d'ailleurs, le hasard n'est-ce pas Dieu incognito?

Le malheur qui vous atteint si cruellement, ma bien chère mère et amie, porte une peine profonde dans tous les cœurs qui ont connu et aimé M. Bascans. C'est, pour chacune de ses élèves, un chagrin personnel. Le souvenir de tant de mérite,

et démolitions du quartier de Chaillot, transporté à Neuilly, dans un ancien château, qui porte aujourd'hui le n° 108 de l'avenue du Roule, son brillant établissement. Un parc très ombragé, qui sert de lieu de récréation aux élèves, entoure les bâtiments. Mme Bascans céda son Institution un peu avant 1870. D'autres maitresses lui succédèrent, et maintinrent, en se réglant sur ses traditions, la haute prospérité de ce beau pensionnat de jeunes filles, qui s'est toujours continuée depuis, et qui dure encore actuellement au même endroit.

joint à une si grande bonté, reste ineffaçable, et
la reconnaissance, qui lui est due, se retrouve
vivace dans l'âme de ses plus indociles enfants.
Moi, plus qu'une autre, insupportable et soignée
par lui, je déplore cet odieux malheur. J'ai senti
trop tard que ce qu'il y avait de bon dans ma
tête y avait été mis de force par ce maître cons-
ciencieux, par cet esprit vraiment supérieur. Il
me semble que c'est hier qu'il me renvoyait de
sa chambre, avec ces terribles paroles : « Vous
ne dînerez que lorsque votre devoir sera fini... »
et, qu'en souriant, il ajoutait tout bas à la pauvre
charmante Valmore (1) : « Laissez-lui croire
qu'elle ne dînera pas, si elle ne fait rien... elle
est si paresseuse... »

On dit que vos deux filles (2) sont belles, charmantes, bonnes, accomplies. Si la moitié de vous-
même vous a été violemment arrachée, l'autre
vous reste. Il pourra y avoir encore dans votre
vie sinon du bonheur complet, du moins des sou-
rires de mère, des jours de soleil et de consolation.

Si je n'étais clouée, depuis quatre mois, par un

(1) Il s'agit de Mlle Ondine Valmore, fille de la célèbre
poétesse Marceline Desbordes-Valmore, et qui était institutrice
dans le pensionnat de Mme Bascans. — Voir à son sujet la
note I à la fin de la présente brochure.

(2) Voir la note II à la fin de cette brochure.

mal trop lent, vous m'auriez vue, et je n'aurais point failli à réclamer ma part. de larmes auprès de vous. Je passe des semaines entières, sans pouvoir me retourner ni m'asseoir dans mon lit, c'est pourquoi j'ai tant tardé à vous écrire.

Cette nuit est l'anniversaire de la mort de ma pauvre petite Jeanne. Croyez qu'à travers les secousses, l'absence, les bouleversements de toutes sortes, le cœur reste le même. Comme à l'heure où j'ai quitté votre maison, pour rentrer dans celle de ma mère, comme le jour où vous êtes venue m'assister dans ma plus grande souffrance, je vous aime et je suis vôtre. '

SOLANGE.

Mme Clésinger perdit sa mère en 1876. Voici, à titre de renseignements sur la famille de George Sand à cette époque, la lettre de faire part du décès :

M

M. Maurice Sand, baron Dudevant, chevalier de la Légion d'honneur, et Mme Maurice-Sand Dudevant, M. Clésinger et Mme Solange Clésinger-Sand, Mlles Aurore et Gabrielle Sand-Dudevant, Mme Cazamajou, M. et Mme Oscar Cazamajou, Mme veuve Simonnet, M. René Simonnet, substitut du Procureur de la République à Châteauroux, M. Edme

Simonnet, employé de la Banque de France à Li-
moges, M. Albert Simonnet, employé à la Banque
de France à Bourges, M. et Mme de Bertholdi,
M. Georges de Bertholdi, Mlle Jeanne de Bertholdi, M. et Mme Camille Villetard et leurs enfants,

Ont l'honneur de vous faire part de la perte
douloureuse qu'ils viennent d'éprouver en la personne de

MADAME GEORGE SAND
Baronne DUDEVANT
née Lucile-Aurore-Amantine DUPIN,

leur mère, belle-mère, grand'mère, sœur, tante,
grand'tante et cousine décédée au château de Nohant le 8 juin 1876, dans sa soixante-douzième année.

Nohant (Indre), le 8 juin 1876.

Le père de Mme Solange Clésinger était
mort trois ans plus tôt, laissant à chacun
de ses enfants une cinquantaine de mille
francs ; elle acheta sur cette somme, le petit
domaine de Montgivray, près la Châtre (Indre), et non loin de ce cimetière de Nohant
où repose sa mère, et où elle-même vient
d'être enterrée. Quant à Clésinger, il mourut

le 6 janvier 1883. Enfin son frère Maurice Sand est mort le 4 septembre 1889 (1).

Pendant la seconde et dernière partie de sa vie, Mme Clésinger s'était créé à Paris une sorte de salon littéraire et politique, qui fut un moment très fréquenté (2). Elle voulut aussi écrire, et elle publia deux romans : *Jacques Bruno* et *Carl Robert*, qui, malgré de très réelles qualités de composition et de style, ne firent que peu de bruit. Entre temps, elle allait passer l'hiver dans le Midi, et y spéculait sur les terrains. Mais, dans toutes ces dernières années, elle vivait surtout à Montgivray, très retirée et presque seule. C'est bien par hasard qu'elle est venue mourir à Paris, le 17 mars 1899, des suites d'une influenza négligée (3).

(1) Il avait été nommé chevalier de la Légion d'honneur par décret impérial du 17 mars 1860 avec le double titre d'artiste-peintre et de littérateur. Il fut, en effet, à la fois écrivain et artiste, et remarquablement distingué sous ces deux brillantes faces de son talent.

(2) Voir la note III, à la fin de la brochure.

(3) Elle habitait alors rue de la Ville l'Evêque, n° 16, comme pied à terre à Paris, et c'est là qu'elle est morte.

A ce propos, un publiciste a donné d'elle le portrait suivant, qui doit être ressemblant :

« Mᵐᵉ Clésinger était une très belle personne, la figure un peu virile, pas très jolie, mais originale, caractéristique, très ouverte et vraiment piquante : on y lisait l'intelligence et la franchise jusqu'à la hardiesse la plus extrême. Le nez était busqué, et la chevelure très noire était abondante, ne rappelant nullement les bandeaux ondulés de sa mère. Sans être très grande, Mᵐᵉ Clésinger avait une taille au-dessus de la moyenne avec des formes et des proportions admirables. »

Voici maintenant, au sujet du caractère et de la personne même de Solange Clésinger, « qui n'avait surtout que beaucoup d'esprit », un passage extrait d'un court article nécrologique, consacré à sa mémoire par le journal *Le Temps* :

« Pour payer les dettes de plus en plus considérables de son mari, Mᵐᵉ Clésinger avait dû vendre son immeuble du quai Henri IV; elle dut aussi se séparer d'un époux non

moins prodigue que brutal. Avec moins de
succès que son frère Maurice Sand elle
publia deux romans, intéressants et écrits
dans une langue très pure, mais qui, néan-
moins, passèrent inaperçus. Elle a fait de très
jolies aquarelles, et quelques peintures qui
témoignaient d'un grand goût artistique. Elle
eut, rue Taitbout, un salon fort recherché et
de nombreux rapports littéraires avec quelques écrivains et hommes politiques de son
temps ; mais son esprit caustique, acerbe, ses
railleries par trop spirituelles lui valurent
beaucoup d'inimitiés. On s'éloigna d'elle
pour éviter ses traits trop acérés. Elle s'est
éteinte de la façon la plus triste, sans un ami
à son chevet. »

En effet, cela résume un peu la plus grande
partie de toute sa vie que Solange Clésinger
passa — loin de sa mère avec qui elle était
brouillée — loin de son mari dont elle vivait
séparée — loin également des chers éducateurs de sa jeunesse, qu'elle n'osait même
plus revoir — et assez mal enfin avec tout le

reste de sa famille (1). Après une vie acciden-
tée et sans but, elle est morte abandonnée.
Ce fut là comme le châtiment posthume d'une
existence mal réglée, et dont d'ailleurs le point
de départ — l'exemple à elle donné par la séparation de ses parents, et par les causes
qui la motivèrent, et aussi l'incompatibilité
d'humeur, d'esprit et d'éducation existant
entre elle et le sculpteur de talent qu'on avait
eu le tort de lui donner pour mari — peut, à
tout prendre, expliquer et, dans une certaine
mesure, excuser les étranges vicissitudes.

(1) Cette famille n'est plus représentée aujourd'hui que par
la veuve, si intelligente et si digne de Maurice Sand, fille de
l'illustre graveur Calamatta et par ses deux charmantes
filles.

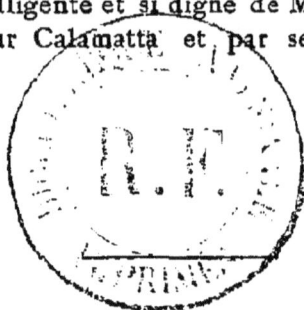

NOTES

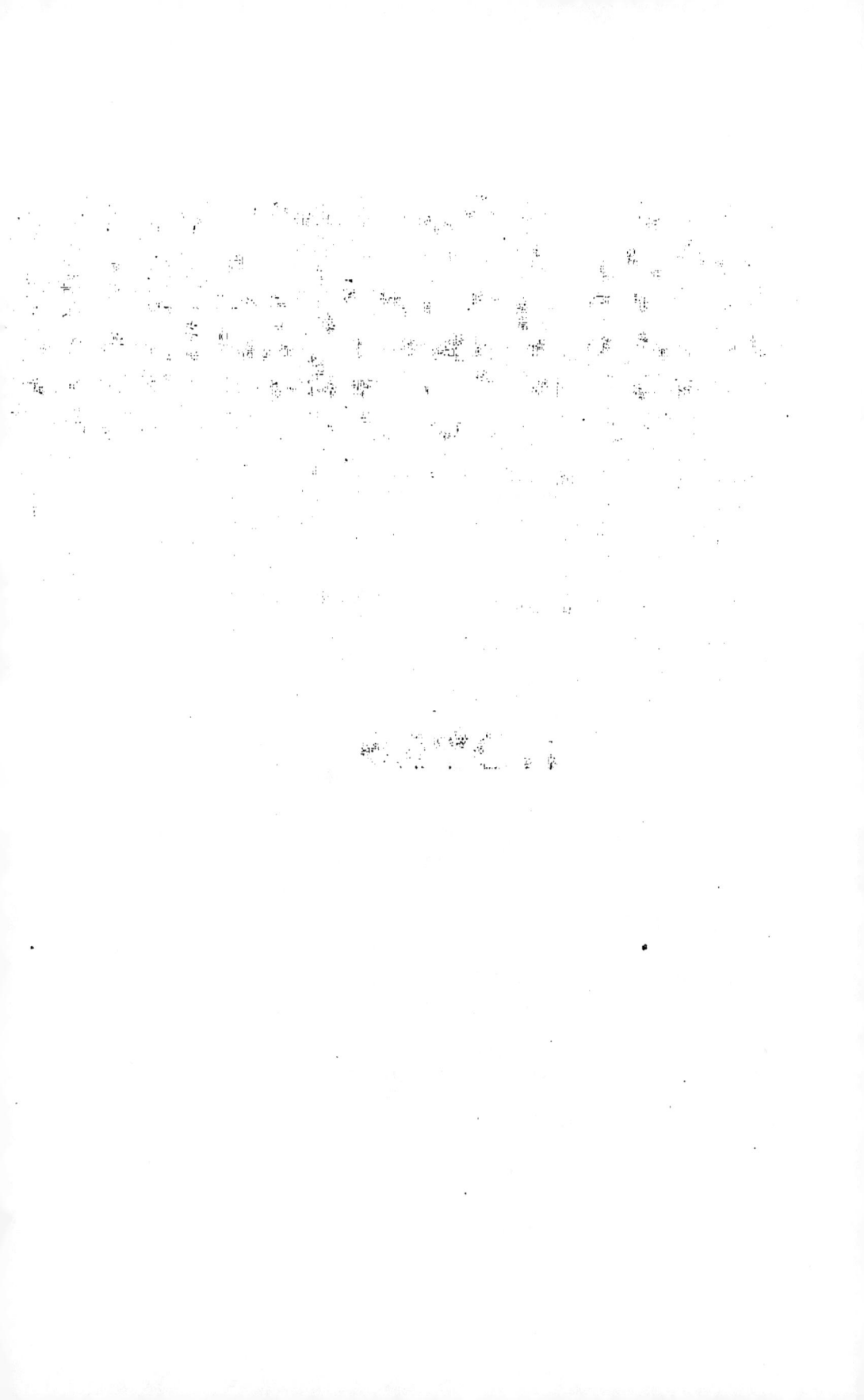

NOTE I

Sur Ondine Valmore (1).

J'emprunte à la *Gazette anecdotique*, où je les ai publiés
dans son numéro du 15 janvier 1889, les détails qui suivent
sur le séjour de Mlle Valmore, comme maîtresse de classe,
dans le pensionnat de Mme Bascans.

Mme Desbordes-Valmore, la célèbre femme-
poète, avait épousé un comédien des théâtres de
la province, du nom de Lanchantin, dit Valmore.
Trois enfants étaient nés de cette union, dont deux
filles. L'aînée, Hyacinthe, dite Ondine, avait vu le
jour en 1822, et c'est d'elle qu'il est ici question.

Au physique, elle n'avait rien de particulièrement idéal; elle n'était ni jolie, ni laide, mais
d'une physionomie douce et ouverte, avec le regard un peu maladif. Elle avait une instruction
solide, avec un esprit plein de vivacité qui n'ex-
cluait ni l'affabilité, ni la bienveillance. Seulement, comme sa mère, elle ne sacrifiait pas à la
mode, et ne s'habillait aucunement selon les
goûts du jour. Toutes deux, soit par nécessité, soit
par habitude, étaient réfractaires à la toilette.

(1) C'est d'après des notes manuscrites de Mme Bascans, et
avec le fidèle souvenir de ses conversations, toujours si abon-
dantes en renseignements intéressants et utiles, que les lignes
qui suivent ont été rédigées.

Cependant, on s'habituait bien vite à cette manière d'être, tant il y avait de charme dans leur conversation, et comme une teinte générale de bonté répandue sur toutes leurs personnes. Mme Valmore avait la parole un peu traînante et larmoyante; sa fille avait plus de décision et de netteté dans la répartie, elle plaisait au premier abord.

Le ménage Valmore n'était pas riche; on sait que la vie des comédiens, surtout quand elle est nomade, n'est généralement pas une source de fortune. M. et Mme Valmore avaient connu de très durs moments, alors qu'ils couraient les théâtres de province (1) et ils avaient eu bien souvent de la peine pour joindre les deux bouts. La poésie n'a jamais non plus enrichi personne, et les œuvres de Mme Valmore, qui est cependant un des poètes en renom de ce siècle, ne lui produisirent toujours que de rares et éphémères bénéfices. Les enfants furent donc obligés de travailler eux-mêmes afin d'apporter leur part de ressources à la vie commune. C'est alors qu'Ondine entra comme institutrice dans le pensionnat de Mme Bascans, rue de Chaillot, n° 70, où sa mère et elle furent bientôt liées d'une solide et durable amitié avec la per-

(1) Voir, à ce sujet, la *Correspondance intime de Marceline Desbordes-Valmore*, 2 vol. publiés par Benjamin Rivière, chez l'éditeur Alph. Lemerre; Paris, 1886.

sonne d'élite qui le dirigeait ainsi qu'avec son mari. Ce pensionnat a été dispersé depuis, par suite des démolitions, des embellissements et des profondes modifications du vieux Paris, et transporté, en 1857, au n° 108 de l'avenue du Roule, à Neuilly, dans un ancien château, entouré d'un parc ombragé et spacieux où il fonctionne encore aujourd'hui. Il était très prospère et suivi. Le salon de sa directrice était aussi très fréquenté, et entre autres personnes reçues dans l'intimité de M. et de Mme Bascans, Sainte-Beuve, déjà célèbre, y était accueilli amicalement et même familièrement(1).

Chaque soir, les jeunes maîtresses de classe, non occupées, étaient admises aux réunions de la famille. Dans un coin du salon, un whist sérieux était installé; c'était le jeu favori de la directrice de la maison, et elle y initiait ses filles et même ses maîtresses, et quelques-unes de ses grandes élèves. Dans un autre coin on se livrait à des conversations variées et même à de petits jeux

(1) La *Correspondance* publiée de Sainte-Beuve conserve la trace de ces affectueuses relations. Elles furent même, à un moment, si cordiales, que Sainte-Beuve ayant eu des embarras d'argent, à la suite de difficultés avec la *Revue des Deux Mondes*, ne craignit pas de les avouer à Mme Bascans qui lui ouvrit généreusement sa bourse. Lire à ce sujet les deux lettres de Sainte-Beuve à Mme Bascans, pages 140 et 141 du tome Ier de sa *Correspondance*, parue chez l'éditeur Calmann-Lévy en 1877.

d'esprit où Ondine Valmore brillait tout particulièrement. Parfois Sainte-Beuve lui-même daignait
prendre part à ces modestes et innocentes distrac-
tions, et il excellait dans le jeu des petits papiers
qu'une personne de la société lisait à haute voix,
au milieu des éclats de rire de tout le monde.

Bien qu'il ne fût pas beau, Sainte-Beuve avait
une physionomie agréable, un regard vif et mo-
bile, et beaucoup d'esprit naturel; mais il était le
contraire d'un gentleman au point de vue de la toilette, et se rapprochait précisément des deux dames
Valmore par son peu de respect pour la mode et
l'insouciance de sa tenue. Ses pantalons étaient ou
trop longs on trop larges, et ses redingotes ve-
naient évidemment de la confection, voire même
de la confection à bas prix. Il avait heureusement
des moyens de plaire plus sérieux et plus réels;
il était alors en pleine réputation, très estimé et
recherché dans le monde littéraire; mais il était
parfois besoigneux, vivant d'une existence difficile
qui ne devait s'améliorer que plus tard.

Il remarqua bien vite Ondine Valmore et cette
préférence se manifesta par une assiduité de plus
en plus fidèle aux soirées familiales de la rue de
Chaillot. Un beau jour, enfin, il se déclara, non
pas à Mme Valmore ou à sa fille, mais à Mme Bascans et il lui fit la confidence de ses sentiments
pour Ondine, et du projet qu'il avait formé de

demander sa main. Mme Valmore pressentie ne put que se montrer très flattée de la demande d'un tel candidat. Ondine elle-même n'y fut pas rebelle. Il semblait donc que les choses dussent marcher vite et toutes seules; cependant il n'en fut pas ainsi. Après s'être déclaré un peu vivement, Sainte-Beuve parut ensuite comme effrayé de s'être trop avancé et d'en avoir trop dit; il eut des hésitations inexpliquées qu'il a avouées depuis, il voulait bien se marier, et le mariage lui faisait peur. Il tergiversa, il temporisa (1). Il éprouvait à coup sûr pour Ondine une respectueuse affection, il appréciait toutes ses qualités éminentes de cœur et d'esprit, et cependant il restait indécis, et il n'osait pas prononcer le oui définitif. Sur ces entrefaites la famille Valmore reçut d'autres propositions; un avocat, M. Jacques Langlais, se présenta comme candidat à la main d'Ondine, et en présence du silence persistant de Sainte-Beuve,

---

(1) Voici un billet de lui adressé à ce moment, et à ce propos, à Mme Bascans :

Chère madame,

« Je me rendrai, avec le plus grand plaisir, à votre invitation pour le 22, attiré aussi par le désir de rencontrer ces dames, bien que je sois toujours fort hésitant sur la résolution définitive.

« Veuillez agréer...

SAINTE-BEUVE.

14

M. et Mme Valmore accordèrent la main de leur fille au nouveau postulant (1).

C'était une union moins brillante, à ce moment-là surtout, mais qui offrait peut-être plus de garantie et de solidité. Il ne semble pas, en effet, que Sainte-Beuve eut jamais pu être un mari possible ; il avait de grandes et incontestables qualités, mais les habitudes irrégulières et parfois équivoques de sa vie ordinaire ne se seraient sans doute pas pliées à la fixité obligatoire d'un ménage. Il conçut d'ailleurs un chagrin véritable en apprenant le mariage d'Ondine ; mais il ne pouvait cependant imputer raisonnablement sa déception qu'à lui seul.

Devenue Mme Langlais, Ondine Valmore put croire avoir trouvé le repos et la stabilité de la vie dans une union qui était des plus honorables ; mais elle fut bientôt prise par un mal implacable qui l'enleva en peu de temps. Elle mourut le 12 février 1853, âgée d'à peine 31 ans. « Elle réunissait, a écrit son frère Hippolyte qui est mort le 9 janvier 1892, étant chef de bureau au Ministère de l'Instruction publique, en retraite, elle réunissait un esprit

(1) M. Langlais devint plus tard Conseiller d'Etat et il fut ensuite envoyé comme ministre des Finances à l'Empereur du Mexique, l'archiduc Maximilien d'Autriche. Il est mort à Mexico, au cours même de ses fonctions, le 23 février 1866, à 52 ans.

piquant, une grande gaîté au charme féminin, et
à un sentiment très fin de la poésie. »

Sainte-Beuve, dans ses *Portraits contemporains*,
édition complétée (tome II, 1869), a donné d'elle
le portrait suivant :

« Cette charmante Ondine avait des points de
ressemblance et de contraste avec sa mère, qui se
prodiguait à tous et dont toutes les heures étaient
envahies; elle sentait le besoin de se recueillir
et de se réserver. Elle étudiait beaucoup; j'allais
quelquefois la visiter; elle s'était mise au latin, et
était arrivée à entendre les œuvres d'Horace... »

Dans son XIV° volume des *Nouveaux Lundis*,
Sainte-Beuve, dans une série d'importants articles
sur Mme Valmore, a rappelé, en quelques mots, le
souvenir qu'il avait toujours conservé de ses relations d'autrefois avec Mme Bascans. Celle-ci l'en
remercia par une lettre affectueuse à laquelle
Sainte-Beuve répondit par le billet suivant :

A Madame Bascans.

Paris, ce 2 mai 1869.

Chère madame,

J'ai reçu votre bonne lettre, et j'y aurais déjà
répondu si j'avais eu aussitôt votre adresse. J'ai
bien souvent pensé à vous dans le cours de ces
articles sur Mme Valmore, et à ces heureuses années

où il me semble qu'il y avait plus de soleil qu'aujourd'hui. Je suis heureux de votre approbation et de ce témoignage bien précieux de souvenir que je dois à nos communes et défuntes amies, car je ne sépare pas Ondine de sa mère.

Veuillez agréer, chère madame, mes hommages sensibles et reconnaissants.

SAINTE-BEUVE.

1885

NOTE II

LES FILLES DE Mme BASCANS.

Les deux filles de Mme Bascans, hélas! aujourd'hui toutes deux disparues, réunissaient en elles les qualités les plus rares du cœur et de l'esprit.

L'aînée, Emilie Bascans, née en 1839, douée d'une intelligence supérieure, avait une âme haute, sensible et fière, et un véritable talent poétique. Elle est morte en janvier 1868.

La seconde, Emma Bascans, née en 1842, mariée en 1862, est morte en octobre 1899. Eminemment douée comme musicienne et comme virtuose, elle a écrit pour le chant et le piano diverses œuvres dont un certain nombre ont été publiées. Nature fine, délicate et distinguée, elle a surtout laissé, dans le cœur de tous ceux qui l'ont connue et qui l'ont aimée, le durable et douloureux souvenir du charme si naturel et de la grâce si simple de toute sa personne.

NOTE III

LE SALON DE Mme CLÉSINGER.

Mon éminent confrère, Henry Fouquier, a publié, dans la *Liberté* du 7 novembre 1899, l'intéressant article qui suit sur le salon de Mme Clésinger à Paris :

Ce fut une physionomie de femme très intéressante et curieuse que celle de Solange Clésinger, et qui, en d'autres temps, au xviiie siècle, par exemple, eût eu sa place marquée dans une galerie des contemporaines, ne fût-ce que comme maîtresse de maison ayant eu un salon fréquenté par des hommes dont la plupart ont laissé leurs traces dans l'histoire de leur temps.

Vers 1860, en effet, Solange Clésinger, définitivement séparée de son mari, ayant également renoncé à vivre avec sa mère, vint se fixer à Paris. Elle avait passé déjà quelque temps à l'étranger, et, là, s'était liée avec un homme politique italien, porteur d'un grand nom et tenant un haut emploi dans son pays, homme qui joua dans sa vie un rôle utile et important. Mais on ne le voyait jamais. Solange (on l'appelait ainsi et honni soit qui mal y pense ! vu la difficulté où nous étions de la nommer du nom de son mari ou de celui de sa mère, alors qu'elle était séparée de celui-là et que le nom de Sand était un pseudonyme), Solange s'installa donc à Paris. Elle vint occuper rue Taitbout, exactement au point où aboutit le boulevard Haussmann, un petit appartement qui était une véritable « garçonnière ». Une chambre, deux salons, une cuisine, et c'était tout. Seulement, la « garçonnière » était charmante en sa situation bizarre. La porte d'entrée était au premier étage de la maison sise rue Taitbout, et les salons donnaient de plein pied sur un jardin délicieux, qui se confondait avec les jardins de l'hôtel Rothschild. C'était un de ces jolis petits coins, comme on en trouvait encore dans le Paris d'autrefois, coins disparus, partout remplacés par les grandes maisons de rapport, construites sur le même modèle. Et ce modèle, selon le mot piquant d'un architecte, c'est celui « d'une commode qui ne le serait pas ».

Ce nid, qui, par certains côtés, resta toujours mystérieux, s'ouvrait une ou deux fois par semaine pour les invités de Solange. Elle avait voulu avoir un salon : elle l'eut. Comment fut-il recruté, car elle n'y reçut aucune ancienne connaissance ni personne des amis de sa mère ? Je ne sais. Mais le salon fut formé et ne fut pas banal. Encore que Solange, vaguement républicaine

comme sa mère, ne fut cependant pas hostile à
l'Empire, ayant même, en une circonstance délicate, reçu un bon office de l'Empereur, ce salon
fut composé d'opposants. Il y avait le groupe es-
sentiel du *Courrier du dimanche*, avec J.-J. Weiss,
Hervé, Spuller, quelquefois Paradol, et d'autre
part, Gambetta, Laurier, les deux Ferry, M. La-
ferrière, et toute la curieuse dynastie des Cros,
médecins, chimistes, sculpteurs, poètes. Pas de
femmes ou du moins, très peu, de second plan et
de qualité assez médiocre. Dans ce salon, d'ailleurs, où il se dépensa prodigieusement d'esprit
avec une spontanéité et une liberté dignes du siècle passé et qui le firent très supérieur en intérêt
à d'autres salons littéraires plus connus, la galan-
terie ne joua qu'un petit rôle. La maîtresse de la
maison était cependant, malgré ses traits un peu
durs et virils, une femme très séduisante et mer-
veilleusement faite. Je crois bien que presque
tous ses hôtes coutumiers furent amoureux d'elle
et le lui dirent, sans qu'elle s'en effarouchât. Mais
elle avait une théorie très subtile, qu'elle prit la
peine d'exposer à l'un de nous qui la pressait un
peu. Cette théorie, c'est que, lorsqu'une femme
encore jeune et désirable veut avoir un salon,
avec des hommes d'esprit et de valeur autour
d'elle, elle ne doit en distinguer aucun. « J'ai peut-
être un amant, disait-elle, mais ce ne saurait être

un de vous.Car si c'était un de vous,il mettrait les
autres à la porte, et adieu nos bonnes soirées... »
Nous eûmes donc, à une vingtaine d'hommes
alors jeunes et presque tous morts aujourd'hui,
hélas! cette chose exquise et rare d'une camaraderie avec une femme de belle humeur et d'esprit
distingué.

Cette camaraderie fut très sincère, très complète et très franche. Plus qu'un autre lien peut-
être, elle me permit de connaître beaucoup de
choses du caractère et de la pensée intime de la
fille de George Sand. Et, pour moi, cette connaissance suffit amplement à expliquer, sans qu'il soit
même nécessaire d'invoquer une autre raison, la
rupture de la mère et de la fille, à la fois trop dis·
sémblables et trop semblables d'humeur. Un trait
commun, qu'elles avaient toutes les deux, tout à
fait singulier, c'est que n'ayant pas de préjugés ou
même de précautions dans la conduite de leur vie
sentimentale, elles étaient restées, l'une et l'autre,
par certains côtés, très « bourgeoises » et quasi-
ment paysannes. La camaraderie que nous avions
avec Solange allait jusqu'à souper parfois, en
joyeuse société, jusqu'à une heure avancée de la
nuit. Une nuit donc, ou, plutôt, un matin, je lui
proposai d'aller voir le jour se lever au Bois et de
boire classiquement la tasse de lait du pré Catelan.
Très sérieusement, elle me répondit : « Ça m'a-
muserait. Mais il faut que je rentre pour voir si la

15

servante est levée et fait son ouvrage. » Est-ce
assez du Berry, cette préoccupation du ménage au
milieu de la fête ! Et cet esprit bourgeois faisait
que la mère et la fille, chacune étant séparée de
son mari et de position irrégulière, s'en voulaient
pourtant de cette irrégularité, chacune pour le
compte de l'autre. A cette cause de différends
entre les deux femmes, une autre se joignait, plus
profonde et plus rare. Solange avait de véritables
dons littéraires. Elle écrivait d'une langue singulièrement ferme et j'en ai pu juger par des essais,
mieux que des essais, qu'elle me montra. Elle
avait l'ambition de se faire une place parmi les
écrivains. Sa mère la découragea. Chose bizarre !
George Sand, si bonne souvent, si indulgente toujours, était et se montra presque dure pour sa
fille, qu'il s'agît de sa façon d'être ou de son talent. Et Solange, de son côté, se désespérait
d'être la fille d'un écrivain de génie. Elle sentait
le poids du nom qu'elle aurait à porter, les com-
paraisons qu'elle aurait à soutenir. Et on eût pu
faire en elle l'étude, bien délicate, des douleurs
ou, tout au moins, des déceptions et des chagrins
qu'un enfant peut connaître et éprouver par ce
seul fait d'être né d'un homme ou d'une femme
de génie. Et c'est ainsi qu'elle s'éloigna de sa
mère, pour les raisons mêmes qui la faisaient lui
ressembler...

HENRY FOUQUIER.

NOTE IV

(Lettres inédites.)

Avant d'entrer, comme professeur de littérature et d'histoire dans l'Institution dirigée par Mlle Lagut, Ferdinand Bascans fut pendant quelques années journaliste, et cela tout à fait par occasion. En effet, lorsque son compatriote et ami Germain Sarrut prit, en 1830, la direction du journal *la Tribune*, il y fit admettre Bascans en qualité de gérant. Nous avons dit plus haut (1) que cette gérance fut signalée, en raison de la violence systématique de la polémique du journal, par une série presque ininterrompue de procès, d'amendes et de prison.

Bascans fit en partie sa prison à Sainte-Pélagie ; mais, sur sa demande, il fut surtout interné dans la maison de santé du docteur Casimir Pinel, neveu du célèbre aliéniste (2). Nous reproduisons ci-après plusieurs lettres, ou extraits de lettres, toutes

(1) Voir ci-dessus les notes des pages 24 et 25.

(2) Cette maison de santé fonctionnait alors au n° 76 de la rue de Chaillot. Elle a été transportée à Neuilly-sur-Seine, avenue de Madrid, n° 16, où elle prospère encore aujourd'hui sous la direction de l'un des petit-fils du Dr Pinel.

adressées — sauf une seule — par Ferdinand Bascans à sa mère pendant sa gérance à *la Tribune*, et
aussi pendant ses longs séjours en prison. Ces lettres donnent de curieux et intéressants détails sur
les difficultés qu'éprouvait pour vivre, au début
du règne de Louis-Philippe, une feuille d'opinion
aussi avancée que l'était *la Tribune*. Comme on le
verra, par la lecture de ces lettres, le malheureux
Bascans, esprit très libéral, mais modéré, se débat-
tait sans cesse contre les intempérances de plume
et les exagérations de la politique suivie par la
rédaction ; donnant, puis reprenant sa démission,
et finalement, dans son désir d'obliger quand même
son ami Sarrut — qui cependant ne lui en fut pas
toujours suffisamment reconnaissant — restant à
son périlleux poste de combat jusqu'à la dispari-
tion définitive du journal (1835). Ce n'est que trois
ans plus tard, en 1838, qu'il épousa Mlle Lagut.

A *Madame Bascans*

Paris, le 24 octobre 1830.

Enfin, ma chère maman, l'acte est signé, ma
position est donc fixée, et elle sera magnifique si
la Tribune (1) réussit. Elle n'existe que depuis peu

(1) *La Tribune des Départements*, journal politique, commer-
cial et littéraire, Passage des Petits-Pères, n° 8, à Paris. Cette
feuille a duré du 8 juin 1829 au 11 mai 1835.

de temps et n'a pas eu encore un grand nombre d'abonnés; elle fait à peine la moitié de ses frais, les actionnaires font le reste. C'est le cours naturel des choses. Le *Constitutionnel* et le *Courrier*, qui ont été près de dix-huit mois avant de faire leurs frais, en sont aujourd'hui à ce point de prospérité qu'une action du *Courrier*, qui valait au début 1,000 francs, en vaut aujourd'hui 12,000, et plus de 100,000 au *Constitutionnel*.. Pourquoi cela? Parce qu'il n'y a pas de café de province, si minime qu'il soit, qui ne soit obligé de servir ces deux journaux à ses consommateurs. Nous n'osons pas ambitionner cette vogue universelle. Si, au lieu de plus de 20,000 abonnés, qu'a le *Constitutionnel*, nous arrivions à 3 ou 4,000 nous serions satisfaits parce que l'existence du journal serait ainsi assurée. Mais si les abonnés tardent trop à venir, tout s'écroule, car la caisse est loin d'être inépuisable, et un journal monté sur un bon pied exige au moins 12,000 francs de dépenses par mois.

Je vais donc faire une tournée pour récolter des abonnements; voici mon itinéraire : Vendôme, Poitiers, Niort, Bordeaux, Libourne, les Landes, Bayonne, les Pyrénées, Toulouse, le Limousin, le Berry et l'Orléanais. L'administrateur du journal a choisi cette ligne à cause des relations que nous y avons Sarrut et moi.

Nos principaux actionnaires sont le général

Lafayette, Daunou, Destut-Tracy, la princesse de
Salm, le général Lamarque, etc...; ce sont des
noms qui peuvent exercer une grande influence.

Si Munier pouvait nous placer quelques abonnements ou quelques actions, ce serait bien aimable
à lui. Il a dû voir, à la teinte de notre journal,
qu'il est inflexible sur les principes, et qu'il n'est
ni injustice, ni abus qu'il ne signale, ces abus
fussent-ils au profit de ses meilleurs amis.

Il est impossible de porter plus loin, que ne le
fait pour moi Sarrut, les attentions délicates et le
dévouement de l'amitié. Il est ma véritable provi-
dence. Inutile de vous dire que c'est lui qui m'a
avancé les 5,000 francs nécessaires pour solder les
cinq actions que j'ai dû prendre.

A Madame Bascans

Paris, le 4 septembre 1831.

... Que vous dire de ma position, ma chère
maman; je ne me l'explique pas moi-même. Nous
vivons — je veux parler du journal — je ne sais
comment. Nos dettes sont énormes; des propositions nous avaient été faites pour nous acheter,
c'est tombé dans l'eau. Quelques nouveaux actionnaires se présentent, mais leurs opinions ne cadrent
pas avec l'esprit de la feuille, et on les repousse.

J'ai pris le parti de ne me mêler de rien. Sarrut se charge du doux privilège de payer, de bonnes ou de mauvaises raisons, les pauvres diables d'employés qui viennent, au bout de chaque mois, demander de quoi dîner pendant quelques jours. J'ai bien assez, moi, des duels, des procès, des amendes, et de la nécessité de travailler pour rien !...

J'ai fini par payer mes 5 actions, et *la Tribune* me doit encore 1,100 francs, dont je ne verrai jamais, sans doute, le premier sou ; j'ai voulu essayer de donner ma démission, mais Sarrut s'est montré fort piqué et fort mécontent, parce qu'il ne peut se dissimuler que ma retraite précipiterait la ruine du journal, en ce que personne ne consentirait à fournir un cautionnement de 50,000 francs pour une feuille sans cesse exposée à des amendes, et qui d'ailleurs ne fait pas la moitié de ses frais. Or, Sarrut ne veut signer le journal à aucun prix, et le cautionnement qu'il laisse sur ma tête, il ne consentira jamais à le porter sur la tête d'un autre...

A Madame Basçans

Paris, le 3 janvier 1832,
de la prison de Sainte-Pélagie.

Me voici enfin sous les verroux, ma chère maman, c'est à-dire libre de toutes les tracasseries, de toutes les fatigues, de tous les ennuis qui m'acca-

blaient dans cette maudite *Tribune*. J'ai trouvé ici
Armand Marrast avec qui nous bêtisons, nous chan-
tons, nous disputaillons du matin au soir. Lorsque
le directeur de Sainte-Pélagie a du monde, il nous
invite tous les deux à ses soirées, où la musique, la
danse, les petits jeux ne nous permettent pas de
nous souvenir une minute que nous sommes en
prison avec des barreaux à nos fenêtres et une sen-
tinelle armée à notre porte.

... Cependant j'ai demandé au Préfet à faire ma
détention dans une maison de santé; un certificat
du médecin de la prison, constatant que le séjour
de Sainte-Pélagie m'est nuisible, et compromet ma
santé, suffira pour m'obtenir ce changement. J'ai
d'autant plus d'espoir qu'on fera droit à ma
demande que j'ai fait savoir au Préfet que j'avais
donné ces jours-ci ma démission de gérant de *la
Tribune*. Fatigué de tant de duels, de tant de procès,
contrarié de ne pouvoir ramener notre journal à
un ton de modération qui lui permettrait de vivre,
je me suis ouvert à Sarrut du désir que j'avais de
me démettre de la gérance, à la condition cependant de ne pas lui causer trop de difficultés et
d'ennuis.

— Moi, me dit-il, ça m'est parfaitement égal!
Tu te retireras quand tu voudras; au lieu d'une
personne pour te remplacer, j'en ai dix!

Je le pris au mot et à l'instant ma démission fut

écrite. Depuis ce moment Sarrut m'a traité avec
une dureté, avec une aigreur et un dédain incroya-
bles. Deux jours plus tard il est venu me voir, et
je l'ai trouvé mieux pour moi. Il me prédit que je
regretterai ce qu'il appelle mon coup de tête, et
m'engage à ne pas persister dans ce projet de
démission. J'en suis là.

Maintenant il est bon que vous sachiez que le
journal ne fait pas la moitié de ses frais, qu'aucun
employé n'est payé, attendu qu'à part « les
manœuvres » tout le monde est plus ou moins
actionnaire. Ainsi on me doit 2,300 francs d'arriéré,
plus 10 francs par jour quand je suis en prison, et
de tout cela je n'ai pas reçu la moindre obole !
Tout ce que je puis espérer c'est qu'on paiera mon
séjour dans la maison de santé; du moins Sarrut
s'y est engagé.

Dois-je maintenir ma démission ? Dois-je la retirer ? Les réflexions se pressent en moi, à la fois
pour et contre. Ma conscience, mes goûts, les
conseils de mes amis, tout me porte à persister à
partir; l'incertitude de mon avenir, la crainte
d'une rupture avec Sarrut, rupture après laquelle
il ne manquerait pas de me faire passer pour un
ingrat, me font pencher pour boire le calice jusqu'à la lie, et pour laisser mon nom accolé au
journal jusqu'à ce que, soit par manque d'argent,
soit par ses folles exagérations, il périsse. Cette

position est diabolique, et j'ai bien besoin que vous
m'aidiez de vos avis et de vos bons conseils.

A Madame Bascans

Paris, le 12 mars 1832,
Maison de Santé du Dr Pinel,
rue de Chaillot, n° 76.

... Dans quelques jours, nous devons fusionner
avec une autre feuille, qui a pour titre *Le Mouvement*. Elle nous apporte la propriété de ce titre,
une concurrence de moins, 200 abonnés, un beau
local, un riche mobilier et quelques espérances
d'actions. Il y aura aussi fusion de doctrines, ce
qui veut dire que nous perdrons un peu de cette
violence et de cette acrimonie que je vois, avec
tant de peine, dominer dans notre feuille.

La *Tribune* de demain va me faire moribond ;
mais n'en croyez rien. Je ne me suis jamais si bien
porté. Sarrut a aujourd'hui une affaire grave aux
assises ; comme gérant je suis naturellement de
moitié dans le procès, et, comme il se trouve que
nous avons un fort mauvais président, Sarrut m'a
prié de faire le malade afin d'obtenir une remise.
J'ai joué mon rôle à merveille, et au moment où
je vous écris en parfaite santé, le médecin des
assises, qui est venu me visiter hier, prétend
devant les juges que je suis retenu dans mon lit

par la fièvre, le rhume, enfin par tous les maux qu'il a bien voulu me trouver.

Malheureusement, la peine actuelle que je subis expire à la fin de ce mois, mais j'ai l'espoir que sur les trois procès que j'aurai à soutenir dans la deuxième quinzaine de mars, je serai assez heureux pour être gratifié d'une condamnation. Je suis si admirablement ici! Cette maison est vaste, divinement exposée, avec un superbe parc, et j'y passe délicieusement mon temps entre la littérature, l'étude des langues et les bonnes causeries...

A Madame Bascans

Paris, 29 avril 1832.

.... A tout prendre, je ne dois pas me plaindre de ma retraite. Vous avez pu voir, par le journal du 12, ma nouvelle condamnation à six mois. Tout ce que je demande, c'est de la subir ici. Sous le rapport de la nourriture et de l'air, je suis parfaitement bien; j'aime mille fois mieux les occupations paisibles, que je me crée, dans cette calme maison, que l'agitation continuelle et le tourbillon d'affaires qui m'attendent à ma rentrée au journal.

D'ailleurs, je ne m'occupe plus de politique depuis la fusion de la *Tribune* avec *Le Mouve-*

ment. Je me borne à rendre compte, dans le feuilleton, des ouvrages littéraires. A part ce genre d'articles, je ne travaille que pour moi ; j'étudie l'anglais et l'italien et je repasse mon histoire.

... Le choléra a été terrible à Paris surtout dans certaines rues commerçantes et les plus peuplées ; il a fait grand nombre de veufs, de veuves et d'orphelins, au moins 25.000 dit-on. Quant aux êtres inutiles sur cette terre, ou destinés à la douleur, il les a respectés avec un soin déplorable. C'est vous dire que vous pouvez être parfaitement tranquille sur mon compte.

A Madame Bascans

Paris, 29 mai 1832.

... Vous avez dû voir, ma chère maman, par notre numéro du 24, que j'ai obtenu un acquittement sur lequel je ne devais pas beaucoup compter. J'en ai été d'autant plus surpris que je ne l'ai pas mendié, comme vous avez pu vous en convaincre, si vous avez lu mon discours. C'est une singulière manière, en effet, de se justifier de l'accusation d'offense, envers la personne du Roi, que de l'offenser encore de plus belle dans sa défense. Enfin, ça a réussi ; c'est bien une preuve du progrès que fait tous les jours la désaffection inspirée par le gouvernement.

Je vous l'ai dit, et je vous le répète, je me trouve mieux ici, bien que j'y sois prisonnier, qu'à la rue de l'Oseille ou au bureau du journal. Le seul souci que j'aie, c'est qu'il prenne au préfet de police la fantaisie de me transférer, un beau matin, à Sainte-Pélagie. Heureusement que mon maigre squelette m'est un certificat de mauvaise santé qui me rassure.

A Germain Sarrut

Paris, le 9 Juin 1832.

Comme je l'avais prévu, mon cher Sarrut, le numéro du 7, qui tout en ne contenant que l'exposé de la descente de police faite à la *Tribune* dans la nuit du 5, mettait sur le compte du gouvernement le crime des mitraillades et du sang versé, a été saisi, et selon toute apparence ce ne sera pas un jury mais bien une commission militaire qui appréciera et qui jugera. Tu as dû savoir que des mandats d'amener ont été lancés contre divers députés, au nombre desquels Cabet, Garnier-Pagès, etc., mais on n'a pu en saisir aucun.

Le lendemain de ton départ, la force armée a fait une descente à Chaillot pour s'emparer de

tous les prisonniers, Marrast excepté. J'étais en
tête sur la liste. J'ai filé de suite par le jardin, à la
barbe même des soldats. Philippon était en ce
moment au Palais de Justice ; prévenu à temps par
sa femme, il a pu se sauver aussi. Le soir, un piquet
d'infanterie, fusils chargés, s'est présenté de nouveau chez Pinel, et a fait les perquisitions les
plus minutieuses pour empoigner les fuyards du
matin. Mais va t'en voir s'ils viennent !... Je suis
en ville, je couche chez l'un et chez l'autre...

Et maintenant je t'assure que j'en ai assez comme
cela ! Je ne veux plus signer ; signe à ton tour, je
suis fatigué de prendre la responsabilité d'articles
pleins d'une colère et d'un furibondage que je
n'approuve pas. A la fusion des deux journaux on
avait promis d'avoir de la mesure et de la dignité,
et plus de modération, ce qui me fit rester à la
gérance. Mais on n'en a rien fait. J'ai grogné et
regrogné toutes les fois que j'ai trouvé de grosses
injures et de ces exagérations qui ne rencontrent
aucune sympathie dans l'opinion, si ce n'est parmi
les idolâtres du bonnet rouge. Mais c'est comme
si j'eusse chanté ! Ma foi ! la chose devient trop
sérieuse. Moi qui ne veux être ni député, ni préfet, ni un personnage quelconque ; moi qui n'ai
pas une réputation à faire ou à soutenir, mais qui
désire tout bêtement gagner mon pain ; moi qui,
d'ailleurs, n'entends pas le patriotisme comme

l'entend le langage exalté de la *Tribune*, je sens
le besoin d'être remplacé. Je ne signerai donc plus
dès que le danger aura entièrement disparu. Ah !
si j'étais le rédacteur en chef, faisant le journal à
ma guise, je m'arrangerais de façon à n'avoir
jamais un seul procès, et à gagner en force, en
considération, et en abonnés, tout ce que vous en
perdez par l'excès de votre langage. Mais comme
je suis réduit forcément à un rôle de simple machine, et que, dans un temps de révolution perma-
nente, il y va souvent de la tête, il faut aussi que
ceux qui tiennent la queue de la poële prennent,
eux-mêmes, les risques de la signature, ou qu'ils
trouvent une autre machine plus complaisante, car
celle qui a servi jusqu'à présent a fait son temps.

A Madame Bascans

Paris, le 21 août 1832.

Vous savez notre histoire de juin, ma pauvre
maman, mais ce que vous ignorez peut-être, c'est
que j'avais trois numéros du journal déférés au
jugement des Conseils de Guerre, et que, pour
chacun d'eux, l'on ne demandait rien moins que
ma tête. Oui, la peine de mort, tout simplement !
On vint me chercher à Chaillot avec une escorte
militaire imposante, les soldats chargèrent leurs

armes dans la cour, on voulait essayer d'un peu de terreur, mais tout cela fut inutile. Comme j'étais un peu plus leste que tous ces farceurs-là, dès que je les eus aperçus, comprenant bien de quoi il était question, j'eus bientôt gagné la rue sans qu'ils s'en doutassent le moins du monde. Ils revinrent le soir me chercher jusques dans les tiroirs de ma commode. Le lendemain, le commissaire de police vint à son tour fouiller mes papiers, bouleverser mes affaires, mais naturellement sans me trouver davantage.

Le défaut d'argent et de passe-port ne me permettant pas de quitter Paris — car Sarrut qui avait parfaitement songé à lui pour se mettre à l'abri, ne s'était souvenu de moi que pour me prier de faire le journal pendant l'état de siège — je me tins caché, et je ne sortis de ma retraite qu'au bout d'un mois, c'est-à-dire après la levée de l'état de siège, ainsi que je l'avais promis au Préfet de Police. Je lui avais écrit le jour de mon évasion que ne reconnaissant pas d'autres juges que ceux qui me donnait la Charte, je croyais devoir protester par la fuite contre les tribunaux d'exception qu'on venait d'établir au mépris des lois. Je promettais de me mettre à la disposition de la justice dès que la Charte cesserait d'être violée. Je tins parole, et je rentrai de moi-même à Chaillot le lendemain du mémorable arrêt de la Cour de Cassation. Les trois accusations capitales sont restées, mais la justice ayant repris son cours régulier, je n'ai plus rien à craindre. Je m'attends bien à quelques années de détention, mais il ne peut plus être question du bagne ou de l'échafaud pour un écrivain.

Et maintenant que faire ? Attendre qu'un ministère nouveau ouvre les portes de ma prison, ce qu'il me sera très facile d'obtenir, et dès que je ne serai plus un homme politique, me résigner à utiliser, s'il y a moyen, mon grec et mon latin que j'ai à peu près oubliés, ou bien traduire de l'anglais ou de l'italien si j'en trouve l'occasion.

P. S. — J'oubliais de vous dire qu'une condamnation nouvelle m'a frappé hier ; mais, du reste, le journal de ce jour vous l'apprendra : six mois de prison et 6.000 francs d'amendes. Me voilà donc de plus en plus obligé d'attendre un changement de ministère pour demander la remise de mes condamnations. J'ai 30.000 francs d'actions dans le journal ; j'en demande le tiers, et je ne puis trouver d'acquéreur.

A Madame Bascans

Paris, le 29 septembre 1832.

Ma chère maman,

J'attends le retour de Sarrut avec impatience

17

pour sortir de cette galère du journal. Pendant ce temps, il jouit tranquillement des belles journées d'été à Bagnères de Bigorre et paraît s'inquiéter fort peu de ce qui se passe ici et des responsabilités qu'il me laisse. Il est gérant comme moi et il ne veut pas signer parce que, dit-il, il connaît bien le pain qu'il mange chez lui, mais qu'il ne sait pas celui qu'il mangerait en prison.

Tout cela est bel et bon, mais j'en suis à mon 65e procès, je trouve que c'est bien suffisant et qu'un autre peut en tâter à son tour. Aussi il aura la bonté de signer à son retour à Paris, ou de laisser tomber le journal, car je suis irrévocablement décidé à me retirer, dès qu'il sera revenu, et à dire un adieu éternel à la politique.

J'ai aujourd'hui le plus vif regret d'avoir accepté la gérance du journal qui, dans le principe, nous avait paru à tous une situation si séduisante. Elle devait se borner, avait-on dit, à un simple travail de bureaucratie et d'administration, avec un traitement annuel de 6.000 francs. C'était magnifique ! Mais qu'ai-je eu en réalité ? Pas un sou, force persécutions et surtout force mécomptes en amitié. J'ai longtemps espéré qu'à force de remontrances sur ce que je trouvais de vicieux et d'inconvenant dans notre rédaction, je ramènerais messieurs mes amis à des opinions plus modérées ; mais il m'est démontré aujourd'hui que le système de la violence prévaudra toujours.

A *Madame Bascans*

Vous me félicitez, ma chère maman, et je me félicite bien aussi, de ne plus appartenir à la *Tribune*. Je me porte beaucoup mieux depuis que ce poids ne m'écrase plus, et ce n'a pas été sans de grandes difficultés que j'ai « forcé » ces messieurs à pourvoir à mon remplacement. Tantôt pour un motif, tantôt pour un autre, Sarrut s'éternisait à Bagnères de Bigorre, me laissant sous le poids de trois accusations capitales que ma qualité de gérant pouvait rendre terribles.

Et maintenant que ferai-je en quittant ma douce prison de Chaillot?... La solitude du cœur commence à me peser ; je déteste le monde, je l'ai toujours fui et je le fuirai toujours. Je crois aussi que je ne me marierai jamais, et cependant je sens le besoin d'une compagne amie, qui m'aime avec mes défauts, et qui sache me pardonner mon mauvais caractère.

Il est inutile de vous dire que de mes 11.000 fr. d'actions de la *Tribune* — 33.000 depuis que le fonds social avait été triplé — il ne me reste absolument rien. Seulement le journal, par acte public, s'est engagé à me payer 250 francs par mois, tant que je resterai en prison pour lui. J'ai encore douze procès à subir, de sorte que je ne sais jusques à quand je resterai ici. Je m'y trouve d'ailleurs à ravir, sauf que je ne puis franchir à mon gré la porte de ce bienfaisant refuge.

A *Madame Bascans*

Paris, 3 avril 1834.

... Je serai libre, ma chère maman, dans les premiers jours du mois d'août, et je ne sais si, d'ici-là, je ne me ferai pas renfermer à Sainte-Pélagie, faute de pouvoir suffire aux énormes dépenses de la maison de santé. Messieurs de la *Tribune* font, à ce qu'il paraît, de fort piètres affaires — financièrement parlant — et ils ne me paient point. Cependant le gros de ma dépense, à la maison de Chaillot, n'est pas moindre de 200 fr. par mois, sans compter une foule d'accessoires, et tout cela ne se solde pas avec des raisons, même quand elles sont aussi bonnes que celles que je pourrais faire valoir. M. Pinel, le directeur de la maison de santé, est un homme excellent, plein de cœur et de bonté, et qui veut bien me donner toute la latitude possible. Mais je ne me soucie pas, moi qui n'ai jamais eu de dettes, de commencer aujourd'hui à en faire. J'ai donc grande envie d'aller manger pendant quatre mois, et par éco-

nomie, le pain noir de Sainte-Pélagie, plutôt que
de sortir d'ici endetté d'un millier de francs. Je
viens d'écrire à ce sujet une lettre sévère à Sarrut,
et j'attends.

A Madame Bascans

Paris, le 3 mars 1835.

... Quant au journal tout y va à la débandade ; je
me demande même avec quoi on paie les frais
indispensables vu la diminution constante des
abonnés. Il n'est pas possible que cela dure. Mais
Sarrut, avec la faconde imperturbable que vous
lui connaissez, jure que tout va pour le mieux, et
parle toujours très haut et avec plus d'emphase et
plus de gestes que jamais, toutes choses qui n'em-
pêcheront pas la ruine prochaine du journal...
Quant à moi, je ne dis plus rien, je regarde le flot
monter, et je prévois l'heure du désastre qu'un
miracle seul pourrait retarder. La caisse est vide et
elle ne se remplit quelque peu que par les sommes
que Sarrut peut encore y verser ; mais tout a une
fin, même la bourse la mieux garnie, et je redoute
qu'on ne voie bientôt le fond de la sienne...!...

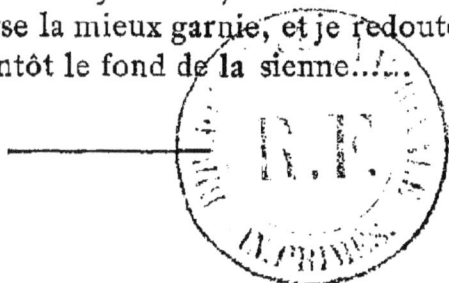

TABLE

Achevé d'imprimer par A. Davy
Imprimeur à Paris
le 25 février 1900

552

www.ingramcontent.com/pod-product-compliance
Lightning Source LLC
Chambersburg PA
CBHW051723090426
42738CB00010B/2059